彩绘版

山海经

刀螂 编著

大荒四经
海内经

④

石油工业出版社

图书在版编目（CIP）数据

山海经：彩绘版.4，大荒四经　海内经/刀螂编
著.—北京：石油工业出版社，2022.6
ISBN 978-7-5183-5013-1

Ⅰ.①山… Ⅱ.①刀… Ⅲ.①历史地理—中国—古代
②《山海经》—图集 Ⅳ.①K928.631-64

中国版本图书馆CIP数据核字（2021）第251152号

山海经：彩绘版4（大荒四经　海内经）

刀螂　编著

出版发行：石油工业出版社
　　　　　（北京市朝阳区安华里2区1号楼　100011）
网　　址：www.petropub.com
编 辑 部：（010）64523616　64523609
图书营销中心：（010）64523633
经　　销：全国新华书店
印　　刷：三河市嘉科万达彩色印刷有限公司

2022年6月第1版　　2022年6月第1次印刷
880毫米×1230毫米　开本：1/32　印张：8
字数：200千字

定价：49.80元

近年来，《山海经》热度持续上涨，在学术界迅速成为一门显学的同时，各种影视剧也将其视为一个宝库，编剧们不断从中挖掘素材，用来装点自己的作品。不仅中国人挖，外国人也挖，以《哈利·波特》闻名世界的英国作家J.K.罗琳担任编剧的电影《神奇动物：格林德沃之罪》中就有一个名叫"驺吾"的神兽。

驺吾的形象源于《山海经·海内北经》："林氏国有珍兽，大若虎，五采毕具，尾长于身，名曰驺吾，乘之日行千里。"

我们不禁要问：为什么一本2000多年前的古书，会给那么多创作者带来灵感，同时又被那么多几乎看不懂古文的人喜欢？答案很简单，因为这是一部神奇的书。

《山海经》的原文只有31000多字，却是一部以神话为主流且包罗万象的多学科古籍。书中不仅详细介绍了中华腹地的山川宝藏，保存了大量的神话资料，而且还涉及人类社会的各个方面，诸如天文、地理、历史、民俗、哲学、动物、植物、医药，被称为古代人的生活日用百科全书。

当然，《山海经》最大的魅力还在于它本身就是一个谜。由于年代久远，记录朴陋，内容繁杂，使得关于这本书的很多问题都没有直接的答案。读《山海经》，既像走迷宫，又像是在玩一场烧脑的拼图游戏，其中的乐趣只有读过它的人才能深刻体会。

比如，《山海经》记述的年代十分古老，正所谓沧海桑田，书中记载的地理环境早已经发生了翻天覆地的变化，大量湖泊河流或萎缩干涸或改道，许多动物或灭绝或迁徙，植物分布也已经南移。在这种情况下，如果我们能在现实中找到与《山海经》中描述相对应的某一座山、某一条河、某一种动物，那该是一件多么有趣的事啊。

从结构来看，《山海经》大体可以分为《山经》（全称《五藏山经》）和《海经》两部分。

《山经》共五大篇，又可分为二十六小篇，主要讲述了上古时期的山川地理、奇异的自然矿物、祭祀典礼等，奇禽异兽也大多在这一部分。从字数来讲，这五篇分量相当大，占全书三分之二以上，所以我们将其分为两册，即本套书的第一册和第二册。

《海经》分为《海外经》《海内经》和《大荒经》。《海外经》四篇与《海内经》四篇，前者主要记述海外各国的异人、异物，后者主要记述海内的神奇事物，兼记一些国家和民族。这八篇记述了许多的神人、怪人，且有许多关联之处，我们将其合成一册，即本套书的第三册。

《大荒经》四篇与《海内经》一篇，这一部分成书时间最早，保存的神话资料最多，所以也最原始朴野，是研究上古神话的瑰宝，我们将其合为一册，即本套书的第四册。

为了让大家顺畅地阅读本书，我们不仅在原文的基础上加了注释、译文，而且还增添了大量详细的解读，其中有地理考查、动植物考证，同时还将相关的神话故事融入内文当中，使读者阅读起来能够一气呵成，不必再另外去查资料。

此外，为了让大家对《山海经》记述的神奇生物有直观的感受，我们还专门聘请魏新华、王辰、王美玉三位行业顶级画师，耗时半年，精心绘制了200多幅彩图。大家知道，《山海经》原本是有图的，虽然最初的古图早已遗失，但明清以来有大量画师为《山海经》创作了精美的绘画。除了重新绘制的精美彩图外，我们还从明清画作中选择优秀者附在书中，以满足大家对古图的需求。

为了让大家能够阅读原汁原味的《山海经》，我们这个版本以学术界权威袁珂注解的《山海经全译》本为底本，并且参校上海古籍出版社的沈海波校点本、中华书局的方韬译注本等多个版本，大家可以放心阅读。

目录

大荒东经

大荒南经

大荒西经

大荒北经 〜〜〜〜

海内经

大荒东经

从大壑到皮母地丘山：
少昊　颛顼

东海之外大壑^①，少昊之国。少昊孺^②帝颛顼于此，弃其琴瑟^③。

有甘山者，甘水出焉，生甘渊。

大荒东南隅有山，名皮母地丘。

注释

①壑（hè）：坑谷，深沟。　②孺：通"乳"，用乳奶喂养。这里是抚育、养育的意思。　③琴瑟：两种拨弦乐器。

译文

东海以外有一道非常大的沟壑，是少昊建国的地方。少昊就在这里抚养颛顼帝成长，颛顼幼年玩耍过的琴瑟曾丢在沟壑里。

有一座山叫甘山，甘水从这里发源，最终汇集在一起形成甘渊。

大荒的东南角有一座山，叫皮母地丘山。

大家已经知道，少昊是昌意的哥哥，而按《山海经》的说法，昌意是颛顼的祖父，那么颛顼就应该是少昊的侄孙了。《山海经》中的这段文字，描述了少昊和颛顼这对爷孙一段有趣的往事。

当少昊在东方做百鸟之国的国王时，小颛顼曾经被父亲韩流送到少昊身边，请他帮忙养育。颛顼的父亲韩流是个半人半兽的怪人，他大概是担心自己这副尊荣影响孩子成长，才做出这样的决定吧。

小颛顼十分聪明伶俐，深得少昊喜爱，少昊不仅教他治国理政的知识，闲暇之余还特意为他制作了琴和瑟，供他玩耍。后来，颛顼长大成人，回到父亲的身边，琴瑟没有了用处，少昊便把它们丢弃在东海外的大壑之中。说来也怪，每当明月高照，大海碧波不兴的时候，从那大壑的深处，总会传来悠扬悦耳的琴瑟弹奏声。

虽然书中没有提，但是我们可以想象，小颛顼在少昊之国一定度过了非常美好的童年，因为除了琴瑟，还有那么多好玩的鸟儿伴随着他成长。当时，百鸟之国到处呈现一片繁荣向上的景象，少昊感到十分欣慰，待颛顼年纪稍大些便请他帮助料理朝政。小颛顼自然不负众望，干得十分出色，深得少昊的赏识。

多年后，当颛顼继承中央天帝，为曾祖黄帝代行神权，而少昊也回到西方成为西方天帝，两人再见面时，应该会聊起颛顼小时候在东方百鸟之国弹琴鼓瑟的往事吧。或许，少昊还会笑着说："乾儿

少昊与颛顼

（颛顼，姓姬，名乾荒），你小时候可聪明得紧呢，无论什么东西一学便会。"

从大言山到波谷山：大人国

东海之外，大荒之中，有山名曰大言，日月所出。

有波谷山者，有大人之国。有大人之市，名曰大人之堂。有一大人踆^①其上，张其两臂。

①踆：通"蹲"。

东海以外，大荒之间，有座山叫大言山，太阳和月亮从这里升起。

有座山叫波谷山，那里有个大人国。有大人做贸易的集市，就在一座叫大人堂的山上。有一个大人正蹲在上面，张开他的两只臂膊。

大人国人

　　在第三册，我们讨论了巨人族是否真的存在过。如果巨人族真的存在过的话，那么他们那巨大的身躯到底是环境造成的，还是遗传造成的呢？对于这个问题，一个名叫马提尼克的神奇小岛或许能给我们一些启发。

　　马提尼克岛位于加勒比海东部的西印度群岛中，它最神奇的地方在于能够使人长高。这个岛上的居民个子都很高大，很少有个头矮的人，所以，一些旅客来到这里就是希望自己能长高一些。事实上，在这里待上一段时间，真的能长高几厘米，就算是骨骼停止发育的中老年人也会长高。因此，这个岛闻名天下，被人们称为"能使人长高的岛"。

　　那么，为什么这个岛能起到这种药物也无法达到的功效呢？原来，据地质科学家的研究考察，这个岛上的岩石中有一种能使人们的脑垂体机能发生变化的放射性物质，但这种物质的放射性并不强大，不会对人体造成伤害，只会促进人体的新陈代谢发生变化，也就是促使人们长高。

　　从这一点来看，或许《山海经》记录的大人国所在的波谷山，也有类似于马提尼克岛的功效吧。此外，还有一个比较靠谱的证据能够证明巨人族确实存在过，那就是世界上确实有一些记录在案的巨人。

　　在吉尼斯世界纪录上，曾记载了数位世界最高的巨人，这些巨人的身高令人咋舌。许多媒体也曾报道过他们，虽然作为巨人，他们会引来人们羡慕的目光，但是过高的身高常常会让他们遭遇到常人难以想象的麻烦，比如很难购买到合适的鞋子，会遭到酒店门卫的敌视等。

　　截至目前，吉尼斯纪录中世界第一高人名为罗伯特·瓦德劳

(Robert Wadlow)。到去世之时，他的身高已达到 8 英尺 11 英寸（合 2.72 米）。瓦德劳出生于美国伊利诺伊州奥尔顿，因此也被称为"奥尔顿巨人"。瓦德劳的身高并不是天生的，他的家庭成员平均身高都比较高，他出生时身高也算正常，但后来他的脑垂体肥大导致生长激素分泌过盛，从而使他的身高猛长。

　　瓦德劳过高的身高，严重影响了他后来的学习和工作。他本来获得了一所大学的奖学金，打算当一名律师，但超高的个头让他很难毕业，他甚至连铅笔和钢笔都拿不住，还担心会摔倒在上学路上。

　　在瓦德劳因感染而去世后，超过 3 万人参加了他的葬礼。他被放在一个半吨重的棺材里下葬，坟墓上面用混凝土建成拱顶状，以防止被盗。他的家人还将瓦德劳的物品付之一炬，以防收藏家将这些东西作为古怪的展品展出。但是，在美国，瓦德劳的雕像和肖像还是到处都是。

　　尽管瓦德劳 2.72 米的身高与我们想象的巨人族还相去甚远，但他至少可以证明，人类的身高在某些情况下是可以突破极限的，《山海经》中的大人国因此并非无稽之谈。

从小人国到滔山：靖人　犁𩵋尸

有小人国，名靖人。

有神，人面兽身，名曰犁𩵋之尸[①]。

有滔山[②]，杨水出焉。

注释

①犁𩪊（líng）之尸：古尸名，奢比尸之类。 ②滺（jué）山：古山名。

译文

有个小人国，这个国家被叫作靖人国。

有一位神，长着人的面孔、野兽的身子，叫作犁𩪊尸。

有座山叫滺山，杨水从这里发源。

在《山海经》中，关于"小人国"的记载有多处。《山海经》之后，许多志怪类书籍中也有类似记载，比如《太平广记》中说："西北海戌亥之地，有鹤民国。人长三寸，日行千里，而步疾如飞。"

当然，最有趣的，还是纪晓岚在《阅微草堂笔记》中记载的新疆红柳娃。

据纪晓岚记载，在乌鲁木齐深山中，牧马人经常能看见一种奇特的人种，他们身高一般也就在1尺左右（30～40厘米），男女老少都有。

每到红柳开花之时，这些小人总是折下红柳的枝条盘成一个个小花冠，戴在头上，列队跳跃舞蹈，发出"呦呦"的声音，就像按着曲谱歌唱。有时到军帐里偷吃的，被人抓住，就跪下哭泣。捆住他们，则不进食而死。放了他们，他们起初不敢立刻就走，走了不远即回头看，如追上去呵斥他们，他们还会跪下哭泣。离人稍远，觉得无法被追上，他们才度涧越山逃走。

这种小人虽然总能见到，但却从来没有被人发现过他们栖息居住的巢穴。纪晓岚认为，这东西不是树木成精，也不是山中怪兽，可又不知道他们的名称，因为其形状像小儿而喜戴红柳，故称其红柳娃。

当地的县官丘天锦有次去牧区巡视，得到了一个红柳娃，于是他就把这个小人制成标本带回了京城。纪晓岚仔细地观察了这个红柳娃，胡子、眉毛、头发等，跟普通人没有什么区别。

除了这些近于传说的记载，现在的很多考古发现似乎也证明了这个世界上真的有体形很小的人存在。

据说，19世纪到20世纪时，柏林大学的考古学家在墨西哥中部的一个洞窟中发现了一具小人的遗骸，并挖掘到了很多类似生活用品及装饰的东西。这具小人遗骸约有12厘米高，之后经过科学检查，发现这遗骸是成年人的骸骨，其生存年代大约在5000年前。

此外，我国也有微型人类的目击者。1949年，在桂林附近，就有人发现了两个身高只有几寸的小黑人，全身炭黑，直立行走，不过很快就消失了。

　　还有印度尼西亚考古学家也曾发现过身高只有约1米的小型人种的遗骸。根据研究发现这种小型人种与现在我们人类的大小相差很大，大约只有正常人类三分之一大小，根据科学家的推测这些小型人种至少在20000年前存在于印度尼西亚一带。

从苪国到中容国：
苪国 中容国 帝俊 中容

　　有苪国^①，黍^②食，使四鸟^③：虎、豹、熊、罴。

　　大荒之中，有山名曰合虚，日月所出。

　　有中容之国。帝俊生中容，中容人食兽、木实，使四鸟：豹、虎、熊、罴。

　　①苪（wěi）国：古国名，舜之居地。　②黍：一种黏性谷米，北方称为黄米，可供食用和酿酒。　③鸟：古时鸟兽通名，这里即指野兽，以下同。

　　有个国家叫苪国，那里的人把黄米当作食物，能够驱使四种野兽：虎、豹、熊、罴。

大荒当中，有座山叫合虚山，太阳和月亮从这里升起。

　　有个国家叫中容国。中容是帝俊的后裔。中容国的人吃野兽的肉、树上的果实，能够驱使四种野兽：豹、虎、熊、罴。

中容国人

　　在《山海经》中，如果说有谁能和黄帝平起平坐，那么这个人不是炎帝，而是帝俊。没有读过《山海经》，不了解中国古代神话的人，可能连这个名字都没有听说过。帝俊是谁？好像三皇五帝中也没有这么一号人物啊。

　　的确，在中国古代神话中，帝俊是个谜一样的神秘人物。他的事迹既不为正史所载，也不为诸子所传，只被收录在《山海经》之中，甚至连《山海经》前面的十三卷也没有，仅仅集中出现在《荒经》的五卷当中。

　　事实上，就算是《山海经》中，有关帝俊的神话也相当零碎，只能算作残留的片段，其中主要包括以下内容。

　　帝俊有三个妻子，一个名叫羲和，住在东方海外的甘渊，生了十个太阳；另一个名叫常羲，住在西方的荒野，生了十二个月亮；还有一个名叫娥皇，住在南方荒野，生了三身国的先祖。这位先祖有一个头三条身子，传下来的子孙也都是这般模样。

　　帝俊还有晏龙、帝鸿、禺号、淫梁、番禺、奚仲、吉光等子孙后人，并传下了中容、司幽、白民、黑齿、季厘等国族。

帝俊时常从天上降下来，和下方一些面对着面蹁跹舞蹈的五彩鸟交朋友，下方有帝俊的两座祠坛，就是由这些五彩鸟管理的。

在北方的荒野，有一座帝俊的竹林，斩下竹的一节，剖开来就可以做船。

尧的时候，十日并出，帝俊曾经赐给羿红色的弓、白色的箭，叫他到下方去拯救人民。

从帝俊的神系渊源与脉络可以看出，帝俊既不属于炎帝世系，也不属于黄帝世系，是与炎、黄两大神系并存的第三神系。然而，这凭空冒出来的第三神系实在太突兀了，以至于研究者们有很多争议。

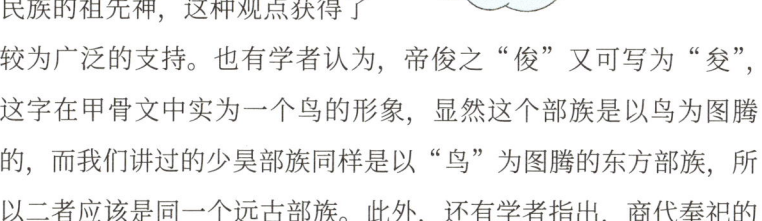

帝俊

有研究者指出，《山海经》记载的帝俊活动地及其子孙之国大多都在东方，所以帝俊应当是上古时代东方民族的祖先神，这种观点获得了较为广泛的支持。也有学者认为，帝俊之"俊"又可写为"夋"，这字在甲骨文中实为一个鸟的形象，显然这个部族是以鸟为图腾的，而我们讲过的少昊部族同样是以"鸟"为图腾的东方部族，所以二者应该是同一个远古部族。此外，还有学者指出，商代奉祀的天帝，在甲骨文中称为高祖夋，并且莒犁比公祭祖碑文也有记载，所以帝俊应该就是商代所奉祀的天帝。

对此，神话学大师袁珂有一个观点，引起许多人关注。他认为帝俊和帝喾其实都是舜的化身。袁珂在《中国神话传说：从盘古到秦始皇》一书中这样写道："中国这地方，在古代，原住着好些不同的民族，每个民族都有他们奉祀的上帝鬼神和他们所传说的神话。随着时间的推移，民族和民族间的宗教和文化不断地彼此吸收、改变，上帝鬼神的数目增多了，传说的神话渐渐演化做了历史，也常复杂而矛盾了。一件事情可能分派到几个人身上，一个人也可能化身做几个人，像帝俊、帝喾和舜就是一个人化身做几个人的具体的例子。"

此外，袁珂还指出，帝俊是东方殷（即商朝）民族所奉祀的上帝，他与西方周民族所奉祀的上帝黄帝一样伟大，但由于周民族最后战胜了殷民族，因此关于黄帝的神话，保存下来的自然就要多一些，黄帝看上去也就更伟大些。后来，历史化了的黄帝，从天帝变为人王，关于这个人王的后起的传说更多，黄帝最终成为人神共祖的老祖宗，比帝俊的声势显得浩大。至于帝俊，是战败民族的上帝，自然不免要暗淡一些，关于他的神话大多都散失了，只剩下些不怎么连贯的片段。不过，单从剩下的这些片段来看，也能够推想出当时这位东方上帝的声威是何等煊赫了。

从东口山到大阿山：
君子国 司幽国 晏龙 司幽 思士 思女

　　有东口之山。有君子之国，其人衣冠带剑。

　　有司幽之国。帝俊生晏龙，晏龙生司幽，司幽生思士，不妻；思女，不夫。食黍，食兽，是使四鸟①。

　　有大阿之山者。

　　①使四鸟：驱使虎、豹、熊、罴四种野兽。本篇多处提到"使四鸟"，意思都一样。

　　有座山叫东口山，那里有一个君子国，这个国家的人穿衣戴帽，腰间佩带宝剑。

　　有个国家叫司幽国。晏龙是帝俊的后裔，司幽是晏龙的后裔，思士是司幽的后裔，思士没有娶妻；思女也是司幽的后裔，思女没有嫁夫。司幽国的人以黄

君子国人

米为主食，也吃野兽肉，能驯化驱使四种野兽。

有座山叫大阿山。

关于东口山，已经很难考证，大概是君子国周边的一座山。而对君子国，在前面《海外东经》已经详细阐释，在此就不再赘述。

司幽之国，《列子·天瑞篇》张湛注引此作"思幽之国"。这种同音字互用的现象在古籍中经常发生。尽管"司"与"思"的含义有很大差异，但古人却认为二者存在内在的联系，即有思想的人（劳心者）才能管理（司）。

在《海内经》中有一条与司幽国的相关记载："帝俊生晏龙，晏龙是为琴瑟。"两处的晏龙显然是同一个人。

关于"思士，不妻；思女，不夫"，郭璞注曰："言其人直思感而气通，无配合而生子，此《庄子》所谓白鹖相视，眸子不运而感风化之类也。"

庄子所说的"风化"，即以风为媒。许多植物都通过风媒实现有性繁殖，但动物显然不可能通过这种方式繁殖，尤其是人类，就更不可能了。

实际上，"幽"在这里指的是婚配，司幽即制定婚配规则。所谓"不妻""不夫"，就是不组成以夫妻关系为基础的家庭。换句话说，就是在司幽国里实行的是母系社会的"母子家庭制"，母亲始终与子女生活在一起，女儿大了不出嫁，儿子大了不娶妻，他们可以自由到外面交往，从而进行种族繁衍。

至于"使四鸟"，我们前面已经说过，就是使四兽：虎、豹、熊、罴。司幽国是帝俊的后裔，而帝俊的后裔很多都能"使四鸟"。

关于"大阿山",除了山名并没有其他信息流传下来,所以已经无从考证。

从明星山到白民国：
白民国 帝俊 帝鸿 白民

大荒中有山,名曰明星,日月所出。

有白民之国。帝俊生帝鸿,帝鸿生白民,白民销姓,黍食,使四鸟:虎、豹、熊、罴。

在大荒当中有一座山,叫明星山,太阳和月亮从这里升起。

有个国家叫白民国。帝鸿是帝俊的后裔,白民是帝鸿的后裔,白民国的人姓销,以黄米作为食物,能够驱使四种野兽:虎、豹、熊、罴。

在《大荒东经》中,共记载了六处八座"日月所出之山",分

别为大言、合虚、明星，鞠陵于天、东极、离瞀，猗天苏门、壑明俊疾。明星山是其中的第三座。

从"明星"的名称来看，似乎不仅能观测日月所出，还能观测与日月同升的亮星，比如启明星。

关于白民国，在前面的《海外西经》已经详细阐释，此处不做展开。不过，此段文字中，有一句值得注意，即"帝俊生帝鸿"。

郝懿行注："帝鸿，黄帝也，见贾逵《左传》注，然则此帝俊又为少典矣。"对此，袁珂给出了一种解释："古代神话传说，由于辗转相传，历时既久，错综绘歧之处必多，此经帝俊生帝鸿，帝鸿不必即黄帝，纵即黄帝矣，帝俊亦不即少典，要在阙疑可也。"

从青丘山到黑齿国：
九尾狐 柔仆民 黑齿国
帝俊 黑齿

有青丘之国，有狐，九尾。

有柔仆民，是维赢土①之国。

有黑齿之国。帝俊生黑齿，姜姓，黍食，使四鸟。

注释

①赢土：肥沃的土地。

译文

　　有个国家叫青丘国。那里有一种狐狸，长着九条尾巴。

　　有一群被称作柔仆民的人，他们所在的国家土地肥沃。

　　有个国家叫黑齿国。黑齿是帝俊的后裔，那里的人姓姜，以黄米为食，能驱使四种野兽。

　　青丘国、九尾狐在前三册已多有阐述，在此不做展开。

　　柔仆民，从字面理解来看，大概其人以身体柔韧或性格柔顺著名。在《海外北经》中有"柔利国"与"柔仆民"相似，二者可能是同一国。

　　关于"嬴土之国"，郭璞有一条注释："嬴犹沃衍也，音盈。"从这个层面理解，嬴土国应该就是《大荒西经》中的"沃之国"，也即《海外西经》中的"诸沃之野"，"柔仆民"也就是"沃民"。

　　关于黑齿国，在《海外东经》中也有一条记载："黑齿国在其北，为人黑首，食稻啖蛇，一赤一青，在其旁。一曰在竖亥北，为人黑首，食稻使蛇，其一蛇赤。"

　　郭璞对于"帝俊生黑齿"有一条注释："圣人神化无方，故其后世所降育，多有殊类异状之人，诸言生者，多谓其苗裔，未必是

黑齿国人

亲所产。"

郭璞的观点虽然有道理，但黑齿国的人却未必就是天生黑齿，更大的可能是一种装饰，就像文身一样。比如在古代日本，女人就喜欢故意把牙齿染黑。

据成书于千年前的《源氏物语》记载，紫姬年幼时并没有染齿，源氏收养她后，是姥姥帮她染了黑牙，才使她看上去"更美了"。由此证实了在当时染黑齿被视为美丽之说。此外，《枕草子》《紫式部日记》等作品也记载了当时贵族有染黑齿的习俗。事实上，直到明治维新之前的一段时期，当时的贵族还流行一口乌黑铮亮的黑牙，黑齿才是社会的时尚。

经文中所说的黑齿国，大概就在今天的日本。据《汉书·东夷传》记载："倭国东四千余里，有裸国，裸国东南有黑齿国，船行一年可至也。"

此外，黑齿国人还以国名为姓氏，称为黑齿氏。在唐朝初期，有原黑齿国人、左武卫大将军黑齿常之，因军功勋巨而被封为燕国公，曾使突厥人望而生畏，后死于武则天的酷吏政策下。黑齿常之的后裔以祖上为荣，遂用"黑齿"为姓氏，后省文简化为黑氏、齿氏，有的以先祖名字为姓氏，称常氏。

从夏州国到鞠陵于天：
夏州国 盖余国 天吴 折丹

有夏州之国。有盖余之国。

有神人，八首人面，虎身十尾，名曰天吴。

大荒之中，有山名曰鞠陵于天、东极、离瞀^①，日月所出。有神名曰折丹——东方曰折，来风曰俊——处东极以出入风。

注释

①离瞀（mào）：古山名。

译文

有个国家叫夏州国。在它附近还有一个国家叫盖余国。

有个神人，长着八颗头，每颗头都是人的面孔，他有老虎的身子和十条尾巴，名字叫天吴。

在大荒当中，有三座山分别叫鞠陵于天山、东极山、离瞀山，都是太阳和月亮升起的

地方。有个神人名叫折丹，东方人称他为折，从东方吹来的风称作俊，他就处在大地的最东边，主管风起风停。

关于"夏州国"和"盖余国"，因为经文中只有国名，没有其他信息，而且其他古籍中也没有出现，所以已经无从考证。不过，从字面来看，"夏"和"复"字形很像，"夏州"很有可能是"复州"。

有专家考证，复州古国在今天的辽宁省大连市瓦房店市。该地在唐时属安东都护府，在辽初为迁民县，属黄龙府，后置扶州，又改为复州。

关于天吴，在《海外东经》已经详细阐述，在此不做展开。值得一提的是，此处写作"虎身十尾"，而《海外东经》却说"八尾八足"。事实上，在《山海经》中对同一神人做不同记述的现象很普遍，这是由于记述者处于不同时期，而被记述者也可能处于不同时期，因此记述的场景和内容就存在一些差异。

关于"鞠陵于天、东极、离瞀"，学界有争议。郭璞、郝懿行等认为，东极和离瞀都是山名。郭璞注："三山名也。音谷瞀。"郝懿行注："《淮南子·地形训》云：'东方曰东极之山。'谓此。《初学记》卷一引此经与今本同。注谷瞀二字当有讹文。"

另有当代学者认为，日月所出之山，是天文观测和制定历法的特定场所，一处日月所出之山，不可能同时指三座山，所以原文应为"有山名曰鞠陵于天，处于东极、离瞀"。结合前后文可知，主持观测及相关巫术活动的人名叫折丹。

来风曰俊，吴任臣注："《夏小正》云：'正月，时有俊风。'俊风，春月之风也，春令主东方，意或取此。"袁珂按："吴说可供参考。《山海经》记有四方风与四方神之名，此其一也。"

四方神与四方风分别为：东方神名折丹，东风为俊；南方神名因因乎，南风为乎民；西方神名石夷，西风为韦；北方神名鹓，北风为猣。

袁珂还进一步指出，殷墟卜辞中也有四方风，而《山海经》四方神与四方风则源自《尚书·尧典》关于羲和等四人分别到东、南、西、北四方观星定时的记载。

从东海之渚到招摇山：
禺貌 黄蛇 黄帝 禺京 玄股国

东海之渚①中，有神，人面鸟身，珥两黄蛇，践两黄蛇，名曰禺貌②。黄帝生禺貌，禺貌生禺京。禺京处北海，禺貌处东海，是惟海神。

有招摇山，融水出焉。有国曰玄股，黍食，使四鸟。

①渚（zhǔ）：水中的小洲。这里指海岛。②禺貌（hào）：上古时代神话中的神仙。

译文

东海的海岛上，有一位神，长着人的面孔、鸟的身子，耳朵上穿挂着两条黄蛇，脚下踩踏着两条黄蛇，名字叫作禺䝞。黄帝生禺䝞，禺䝞生禺京。禺京居住在北海，禺䝞居住在东海，他们都是海神。

有座山叫招摇山，融水从这里发源。有个国家叫玄股国，那里的人以黄米为食，能驱使四种野兽。

第三册在讲禺强时，我们曾经说过，禺强是黄帝的孙子、禺䝞的儿子，这一说法的出处就来源于此。（禺京就是禺强，京、强读音相近。）

禺䝞与禺强两父子同为海神，一个管领东海，一个管领北海，也算是子承父业了。他们相貌也一样，人的脸鸟的身子，唯一的区别就是一个喜欢玩青蛇，一个喜欢玩黄蛇。

郭璞在注解《山海经》时认为"䝞一本作號（号）"。䝞、號两个字的字形相似，

而且《说文解字》当中也没见到有䝞字，估计䝞就是号的一种异体字吧。而且，禺号正是后面要讲到的《大荒北经》儋耳国的祖先。

《大荒北经》："有儋耳之国，任姓，禺号子，食谷。北海之渚

中，有神，人面鸟身，珥两青蛇，践两赤蛇，名曰禺䌜（强）。"

禺虢后代国家附近住着他的儿子北海海神禺强，也就不难理解了。

从因民国到女丑：
因民国 王亥 有易 河伯 仆牛
摇民 帝舜 戏 女丑 大蟹

有困民国[①]，勾姓，黍食。有人曰王亥，两手操鸟，方食其头。王亥讬于有易、河伯仆牛[②]。有易杀王亥[③]，取仆牛。河念有易，有易潜出，为国于兽，方食之，名曰摇民。帝舜生戏，戏生摇民。

海内有两人，名曰女丑。女丑有大蟹。

 **注释**

①困民国：有的版本写作"因民国"，"因民"即下文"摇民"，也即《海内经》的"赢民"。本观点有争议，仅供参考。　②仆牛：即大牛。"仆"通"朴"，是大的意思。　③有易杀王亥：据古史传说，王亥对有易族人奸淫暴虐，有易族人因愤恨而杀了他。

 **译文**

有个国家叫因民国，那里的人姓勾，以黄米为食。有个人叫王亥，他用两只手各抓着一只鸟，正在吃鸟头。王亥把一群肥牛

寄养在有易族人和河伯那里。有易族人将王亥杀死，抢走了他的肥牛。王亥的族人来报仇，河伯怜悯有易族人，便帮助他们偷偷地逃出来，在有野兽的地方重新建立国家，他们正在吃野兽的肉，这个国家叫摇民国。戏是帝舜的后裔，摇民是戏的后裔。

大海中有两个神人，其中一个名叫女丑。女丑旁边有一只大蟹。

"有易杀王亥"是上古时期一个重要的历史事件，《山海经》记述得比较简略，其实背后还有诸多隐情，这里给大家详细讲一讲。

据说，商族的祖先叫契，他是有娀氏部落首长的女儿简狄吞下燕子蛋受孕而生的。简狄原本是帝喾的妃子，所以契也可以说是帝喾的儿子。这位契和伯益一样，因为曾经帮助禹治水有功，舜便让他做了掌管教育的官，并把商这个地方封给他。契死后，他的子孙便一直是商地的王，而王亥就是其中著名的一个。

王亥大约处在汤王之前的六七代，那时的商民族还是原始部落，过着迁徙不定的游牧生活。他们除了善于饲养牲畜，还非常善于做生意，所以我们现在还把做生意的人称为"商人"。王亥是一个饲养高手，他喂的牛羊总是膘肥体壮而且繁殖很快，人们都学习他的饲养方法，于是牛羊很快就成群结队、漫山遍野了。

王亥见国内牛羊很多，人民的温饱解决了，于是就和弟弟王恒一起把多余的部分选出些，赶到北方的有易族去换些谷物、器具、

绢帛之类的，以改善人们的生活。有
易的国王叫绵臣，是个老头子，他
所管辖的地方以农业为主，缺
少的正是牛羊，因此对王亥兄
弟俩进行了热情的招待。这
两兄弟在有易一住就是好
几个月，每天吃吃喝喝，生
活过得很滋润。不料，后来却爆发
了一桩丑闻。

王亥

　　绵臣的王后是一个美
貌的女人，而且很风流，她
见王亥身体雄壮，便喜欢上了他，
不久两人便搅在一起了。可是，弟弟王恒
也喜欢王后，他发现哥哥与王后的奸情后心
中炉火燃烧，于是就告诉了有易王的御前卫士，打算给哥哥一个教
训。这年轻的武士得知后左右为难，如果把奸情揭露出来有伤国家
尊严，如果密报老王绵臣又没有真凭实据，于是他就做出了另一个
选择，跑去把王亥给杀了。

　　经过查问，真相终于大白，老绵臣气得瑟瑟发抖，他没收了王
亥带来的全部牧夫和牛羊，并且把王恒赶了出去。王恒回到草原，
添油加醋地把事情告诉了本族人民，不仅丢了大批财产，连国王都
让人杀了，真是奇耻大辱！大家听完个个义愤填膺，立即拥戴王恒
做了新王，整军练武，决定向有易报仇。

　　然而，王恒却不敢带兵杀回有易，因为他担心回去后自己谋害
哥哥的事情暴露，于是就千方百计劝说人民，叫大家不要急躁，让

他带着少数随从前去索要牛羊，要不回来再兴师问罪。人们同意了这个提议。于是，王恒便以国王的身份来到有易。老绵臣知道商民族不好惹，便立即把牧夫和牛羊都还给了他，并且殷勤招待，礼数比以前还周到。得到这一大笔财产后，王恒的主意

又变了，他觉得回去的话还得把财产分给大家，不如自己待在这里独自享用，于是竟然赖在有易不肯走了。绵臣对王恒没有办法，只好任其自然，好在他的财产在本国花销，各不吃亏。

据说，王恒这一住就是几年，商族的百姓见他久不回来，以为他也遇害了，于是就拥戴他的儿子上甲微做了新国王。上甲微虽然年轻，却英明能干，他带着族人杀向有易，灭了这个国家，而王恒也在战乱中被愤怒的有易人给杀死了。

对于这件事，屈原在《天问》中也有一些记载，虽然是以提问的形式，但我们从中也可以窥见一些端倪："亥继承了其父季的美好德行，并得到了认可嘉奖。为何还被困于有易氏，为人驱使放牛牧羊？亥在有易手持强盾，翩翩起舞，怎样的英姿吸引着那里的姑娘？有易氏的姑娘肤若凝脂体态丰美，他怎么如此壮实美好？有易那个放牧的童仆，如何撞见了丑事？击床杀掉了奸夫就夺步而逃，又是谁指使他下的杀手？王恒继承了父亲季的德行，他怎样得到了那驾车的大牛？他为何要去有易颁布爵禄？最终弄得一去不回？"

这一节，《山海经》中出现了一个我们第三册讲过的一个人

物——河伯冰夷。在这件事上，冰夷倒是做了次好人，他帮助有易人逃脱了上甲微的追杀，避免了有易人被灭族的悲剧。

从孽摇颓羝山到奢比尸：
乌 奢比尸

大荒之中，有山名曰孽摇颓羝①。上有扶木②，柱三百里，其叶如芥。有谷曰温源谷。汤谷③上有扶木，一日方至，一日方出，皆载于乌④。

有神，人面、犬耳、兽身，珥两青蛇，名曰奢比尸。

①孽摇颓羝（jūn dī）：古山名。 ②扶木：扶桑树，太阳由此升起。③汤（yáng）谷：即"旸谷"，神话传说中太阳升起之处。 ④乌：可能是踆乌、离朱鸟、三足乌，异名同物，除了长三只爪子，其他形状像乌鸦，栖息在太阳里。

在大荒当中，有座山叫孽摇颓羝山。山上有棵扶桑树，高达三百里，叶子的形状像芥菜。有道山谷叫温源谷。汤谷上也长了棵扶桑树，一个太阳刚刚下山，另一个太阳就从这里升起，它们都由三足乌驮着。

有一位神，长着人的面
孔、狗的耳朵、野兽的身子，耳
朵上穿挂着两条青蛇，名字叫奢
比尸。

奢比尸

在《山海经》中，有不
少四个字的人名、国名、
山名，孽摇颙羝便是其中
之一，如果这不是当时
人们的语言习惯，就可能是音译
的名称。

在孽摇颙羝山上，有三百里高的扶桑树，这种
树也长在汤谷之中，十个太阳在这里进出，一个太阳刚
刚回来，另一个太阳便准备出去，它们都被负载在三足乌的背上。

在《大荒南经》中有一条相关的经文："东海之外，甘水之间，
有羲和之国。有女子名曰羲和，方浴日于甘渊。羲和者，帝俊之
妻，是生十日。"这条经文解
释了十个太阳的来源，二者都
与"羿射九日"的故事相关。

"羿射九日"的故事在
后面的《海内经》会详细讲，
这里主要针对经文展开一些阐
释。经文中说十个太阳"皆
载于乌"，这里的乌显然就是
三足乌。

羲和浴日

　　三足乌，又称赤乌，其形象是一只黑乌鸦蹲居在金光闪烁的红日中央，因而常被称为金乌，古代人常把金乌作为太阳的别名。

　　传说三足乌为日之精，共有十只，住在东方大海扶桑树上，轮流由它们的母亲——羲和驾车从扶桑升起，途经曲阿山、曾泉、桑野、隅中、昆吾山、鸟次山、悲谷、女纪、渊虞、连石山、悲泉、虞渊。后来金乌作乱，十个同时上天，导致大地被烤焦，于是后羿用神箭射下九只金乌，只剩下一只。

　　有学者指出，古人之所以产生日中有乌的观念，主要有两个原因：一是源自太阳的运动需要有动力，二是因为古人观察到太阳上面有黑子。

　　大概是因为三足乌与三青鸟字形相同，后世又将三足乌与西王母神话联系起来，使其成为为西王母取食的神鸟。如《河图括地图》曰："昆仑之若水中，非乘龙不能至。有三足神鸟，为西王母取食。"又如，《史记·司马相如列传》中引司马相如《大人赋》曰："（西王母）戴胜而穴处兮，亦幸有三足乌为之使。"张守节正义引张揖曰："三足乌，青鸟也，主为西王母取食。"

　　关于奢比尸，前面《海外东经》已有详细阐释，在此不再细讲。

从五彩鸟到待山：
五彩鸟 帝俊 壎民国

　　有五采之鸟①，相乡②弃沙③。惟帝俊下友。帝下两坛，采鸟是司。

　　大荒之中，有山名曰猗天苏门，日月所生。

有壎民之国。有蘩山④。又有摇山。有䲜山⑤。又有门户山。又有盛山。又有待山。有五采之鸟。

①五采之鸟：五彩鸟。采，同"彩"。 ②相乡：即"相向"，成双成对之意。 ③弃沙：意同"婆娑"，盘旋，翩翩起舞之状。 ④蘩（jì）山：古山名。 ⑤䲜（zèng）山：古山名。

译文

有一群长着五彩羽毛的鸟，它们相对而舞，帝俊从天上下来和它们交朋友。帝俊在下界的两座祭坛，由这群五彩鸟掌管着。

在大荒当中，有座山名叫猗天苏门山，太阳和月亮从这里升起。

有个国家叫壎民国。有座山叫蘩山。又有座山叫摇山。有座山叫䲜山。又有座山叫门户山。又有座山叫盛山。又有座山叫待山。还有一群长着五彩羽毛的鸟。

在前面，我们曾经考证出，帝俊就是商朝殷民族所奉祀的天帝。作为一个天帝，他的地位自然非常崇高，而这里却说他从天上飞下来与五彩鸟交朋友，这就是"帝俊友鸟"的传说。那么，帝俊为什么要这样做呢？

袁珂从甲骨文中代表帝俊的字符分析，这位

五彩鸟

天帝的形象应该是这样的：他长着鸟的头，头上有两只角，长着狝猴的身子，只有一只脚，手里常常拿着一根拐杖，弓着背，一拐一拐地走路。从这个形象来看，再加上殷民族神话里的简狄吞了玄鸟（燕子）蛋就生了殷民族始祖契的传说，说明帝俊本身就是一只玄鸟。因此，他去结交五彩鸟便在情理之中了。

那么，帝俊所结交的五彩鸟又是一种什么生物呢？根据《山海经》的记载，五彩鸟有三种：一种叫皇鸟，一种叫鸾鸟，还有一种叫凤鸟。事实上，这三种鸟都是凤凰一类的鸟。这种鸟的形状据说像鸡，长着五色的羽毛，"饮食自然，自歌自舞"，只要它一出现在世间，天下就会太平无事。

屈原在《天问》中说："简狄在台，喾何宜？玄鸟致贻，女何喜？"翻译过来就是："简狄深居九层高台，帝喾如何知晓佳人且前来求爱？燕子给她送来了一枚卵，为何她吞下就有孕在身？"

同时，屈原又在《离骚》中说："望瑶台之偃蹇兮，见有娀之佚女……凤皇既受诒兮，恐高辛之先我。"翻译成白话文就是："遥望华丽巍峨的玉台啊，见有娀氏美女住在台上……凤凰已接受托付的聘礼，恐怕高辛赶在我前面了。"

从以上材料可以看出，屈原在记述简狄吞燕卵生契时，在《天问》中写作"玄鸟"，在《离骚》中写作"凤皇"，可见凤凰就是玄鸟，也就是燕子。因此，身为东方上帝的帝俊，本身就和东方荒野里的这

五彩鸟

些五彩鸟是同类，所以也难怪他要从天上下来和它们交朋友，并且说不定还一拐一拐地和它们一同跳舞呢。

当然，正如经文所说，除了交朋友，帝俊还分配了一些工作给他的朋友，让它们管理着自己在下方的两座坛。

从壑明俊疾到女和月母国：
中容国 三青马 三骓 三青鸟
视肉 女和月母国 鹓

东荒之中，有山名曰壑明俊疾，日月所出。有中容之国。

东北海外，又有三青马、三骓①、甘华。爰有遗玉、三青鸟、三骓、视肉、甘华、甘柤。百谷②所在。

有女和月母之国。有人名曰鹓③——北方曰鹓，来风曰狻④——是处东北隅以止日月，使无相间出没，司其短长。

①骓（zhuī）：毛色青白间杂的马。　②百谷：泛指各种农作物。③鹓（yuān）：古鸟名。　④狻（yǎn）：古风名。

在东荒当中，有座山叫壑明俊疾山，太阳和月亮从这里升起。这里有个国家叫中容国。

东北海外，又有三青马、三骓马、甘华树。这里还有遗玉、三青鸟、三骓马、视肉、甘华树、甘柤树。这里是各种农作物生长的地方。

有个国家叫女和月母国。有一个神叫作鹓——北方人称作鹓，从那里吹来的风称作——狭，他就处在大地的东北角掌管太阳和月亮的运行，使它们不会杂乱无序地升落，掌控它们在天上出没时间的长短。

这里的"女和月母"，说的应该就是后文将要讲到的月亮女神常羲。《大荒西经》说："帝俊妻常羲，生月十有二，此始浴之。"因为常羲生了十二个月亮，所以称之为"月母"，而所谓"女和"，则是因为她承担着调和阴阳的重任。那么，为何常羲需要调和阴阳呢？这是由我国历法的特点决定的。

常羲浴月

中国传统历法叫夏历，又称农历，它和现在世界上普遍使用的公历不同，是一种阴阳合历，即同时参照太阳和月亮（太阴）的运行规律制定的历法。由于太阳的公转决定了寒暑冷暖的四季循环，要根据太阳运行来确定季节，因此农历中便有了节气；另一方面，由于月相的晦朔弦望变化十分明显，可以据此来记日子，因此古人又根据月亮的运行制定月份，由此就形成了典型的阴阳合历。

据阳历的节气务农时，据阴历的月相知时日，阴阳合历给古人的生活带来了极大便利。不过，有件事却很麻烦，即太阳和月亮的运行周期不齐，不可公约。太阳公转一周大约需365天，而月亮绕地一周则大约28天，这样算下来，一年包含十二个月还另外余出10多天，如果不进行调整，过不了几年就会使季节和月份产生巨大错位。例如，2020年的大暑在六月初二，过几年可能就到了七月，这就是日月运行不同步、阴阳不齐导致的。解决这个问题的办法就是置闰月，即每隔三年就在一年十二个月之外另增加一个月。

说到这里，大家就应该明白女神常羲为什么叫"女和月母"了，因为常羲负责制定阴历月份，她必须保证阴历月份能够与阳历的季节相协调，也就是说调和阴阳，所以以"女和"为名。

那么，文中的"鵝"又是怎么回事呢？鵝是一种类似于凤凰的鸟，正如前文所说，帝俊本身就是一只鸟，而常羲作为他的妻子，应该也是一只鸟。

从凶犁土丘到流波山：
应龙 蚩尤 夸父 夔 黄帝 雷兽

大荒东北隅中，有山名曰凶犁土丘。应龙[①]处南极，杀蚩尤[②]与夸父，不得复上。故下数[③]旱。旱而为应龙之状，乃得大雨。

东海中有流波山，入海七千里。其上有兽，状如牛，苍身而无角，一足，出入水则必风雨，其光如日月，其声如雷，其名曰夔④。黄帝得之，以其皮为鼓，橛⑤以雷兽之骨，声闻五百里，以威天下。

注释

①应龙：传说中一种生有翅膀的龙。　②蚩尤：神话传说中的部落首领。③数（shuò）：屡次，频繁。④夔（kuí）：传说中的一条腿的怪物。⑤橛：通撅，敲，击打。

译文

在大荒的东北角上，有座山叫凶犁土丘山。应龙就住在这座山的最南端，它因为杀了蚩尤和夸父，不能再回到天上，因此天下频繁大旱。遇到大旱人们就装扮成应龙的样子，向上天求雨，这样就能得到大雨。

东海中有座山叫流波山，这座山在深入东海七千里的地方。山上有一种野兽，形状像牛，遍体青色并且没有犄角，只有一条腿，出入海水时一定会刮风下雨，它发出的光芒如同太阳和月亮的光芒，它吼叫的声音如同惊雷，它的名字叫夔。黄帝得

到它，用它的皮制成鼓，再用雷兽的骨头敲打这面鼓，响声能够传到五百里以外，以此来威慑天下。

　　《山海经》中关于炎帝的记录很少，其着墨最多的神国大战便是黄帝与蚩尤的战斗。

　　黄帝与炎帝的战争，以炎帝失败妥协结束，双方达成了和解，黄帝取代炎帝成为中央天帝，而炎帝则退守一隅成为南方天帝。不过，黄帝的位置坐得并不安稳，他很快便迎来了蚩尤的挑战。

　　关于蚩尤的身份，有很多种说法。有人说他是炎帝的孙子，他向黄帝发起挑战，是想洗刷祖父炎帝战败的耻辱，把中央天帝的宝座夺回来，从这个角度来说，黄帝与蚩尤的战争其实是黄炎战争的延续；也有人说，蚩尤是炎帝的敌人，当初就是因为他不断欺负衰落了的炎帝部落，逼得炎帝向黄帝求援。

　　目前，大家比较认同的一种说法是，蚩尤原本和炎帝同属一个部落，也就是蚩尤是炎帝的部下，后因矛盾而离

蚩尤

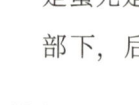

开炎帝自行发展，黄帝打败炎帝之后，他便假借炎帝的名义向黄帝部落进攻。毫无疑问，野心膨胀的蚩尤其实是想自己做中央天帝。

由于蚩尤冒用了炎帝的名号，因此黄帝和蚩尤的这场战争，有人竟把它当成是黄帝和炎帝的战争，其实是不对的。

蚩尤非常喜好战争，经常以制造麻烦和动乱为乐。他的头和铜一样坚硬，还能吃石头，飞空走险就和家常便饭一样平常。另外，他还有八十个兄弟，都长着动物的身体，却说人的语言，他们都是铜头铁额，也都吃沙石。

黄帝生性仁义，不喜欢到处征战讨伐。因此，他一心劝说蚩尤罢兵休战。可是蚩尤不听忠告，屡次进犯。黄帝忍了好几次，终于决定和蚩尤大战："如果我失败了，蚩尤掌管了天下，民众就要受苦了。这种情况不能再容忍下去了。"

于是，黄帝亲自率军去征讨蚩尤。他派出应龙出战，应龙长着一对翅膀，不但会飞，还能从口中喷水。应龙把江河的水全部吸入口中，然后飞上高空，向蚩尤的军中喷出洪水。

顿时，汹涌的波涛从天而降，直奔蚩尤的军队。蚩尤看到大水而来，并不慌乱，而是派大将把这些水全部收集起来，反过来变成暴风骤雨向黄帝的军队打去。应龙不会收水，黄帝的军队因此阵脚大乱，只能失败而归。

经过缜密的思考，黄帝再次命令应龙腾空喷水，应龙张开巨

口，江河之水立即就冲向蚩尤的军队。

和上次一样，蚩尤派大将把水都收集起来，然后用狂风裹着暴雨又向黄帝的军队袭来。

不过这一次，黄帝已经做好了准备。他马上派干旱女神上阵。女神施展神力，刹那间烈日当头，热浪滚滚。她走到哪里，哪里就风雨全消。蚩尤无计可施，只能慌忙地逃走了。

黄帝和蚩尤各有一次胜败后，就把第三次大战看得更加重要了，双方在涿鹿摆开阵势，准备进行决战。

黄帝知道，蚩尤的兄弟们强悍勇猛，几乎无人能敌，要想打败他们并不容易。正当黄帝一筹莫展之时，他的老师九天玄女想出一个妙计。

自与蚩尤的大战开始后，九天玄女便主动担任了黄帝的军师，在这关键时刻，她告诉黄帝，在东海有一种神兽叫夔。这头神兽的身体和牛一样强壮，却没有牛角，它只有一条腿，但吼声和雷声一样响亮，剥下它的皮做成战鼓，用雷神的骨头做鼓槌，一定能够起到重要作用。

于是，黄帝偷偷派人找到了那种神兽，一共制作了八十面夔皮鼓。

战斗终于开始了，蚩尤的军队果然勇猛，他亲自率领那八十个兄弟冲杀上来，双方杀得是昏天黑地。久战不下，渐渐地，黄帝的军队士气开始有些低落了。这时，后方突然响起了鼓声。

这种用夔兽皮做成的战鼓，发出震天的响声，声音能传出五百里，一时间黄帝的军队士气大振，而蚩尤的八十个兄弟最怕这种鼓声，全被吓得魂飞魄散，失去斗志，很快便战死了。

眼看兄弟们被杀死，蚩尤便生出了逃意。他纵身飞向空中，迅速逃离了涿鹿的原野。黄帝连忙命令手下布好鼓阵，一声令下，让数十面战鼓同时敲响，连着敲了九下，地动山摇。这时，已经飞出很远的蚩尤应声落地，狠狠摔在地上，再也逃不掉了。

捉住蚩尤后，黄帝命人给他戴上枷铐，并在涿鹿处死了他。至于跟随蚩尤叛乱的部落和氏族，黄帝把其中愿意归顺的部落和人们迁到富饶之地，把不愿意归顺的部落和人们迁到了比较荒凉的地方。

为了防止蚩尤死后作怪，黄帝命人把他的头深埋在土里，并把他的身体埋在相隔很远的巨石下。蚩尤身上的枷铐，在取下来后便被扔在一片黄叶中，后来化作一片枫树林。

黄帝打败蚩尤以后，其他蠢蠢欲动的叛乱者闻风丧胆，纷纷跑来归顺。各部落一致服从黄帝的管理。

从此，天下有作乱者，黄帝就会亲自去征伐，平定之后再离开。他还派人用蚩尤的画像昭示四方难以教化之地，告诫那里的部落不要忘记蚩尤作乱的教训。

大荒南经

从南海外到赤水：
跦踢 双双 舜 叔均 离朱 委维 视肉

南海之外，赤水之西，流沙之东，有兽，左右有首，名曰跦踢[1]。有三青兽相并，名曰双双。

有阿山者。南海之中，有氾天之山，赤水穷焉。赤水之东，有苍梧之野，舜与叔均之所葬也。爰有文贝、离俞[2]、鸱久、鹰、贾、委维、熊、罴、象、虎、豹、狼、视肉。

　**注释**

①跦（chù）踢：古兽名。　②离俞：即离朱鸟。

　**译文**

在南海以外，赤水的西面，流沙的东面，有一种野兽，两边各有一个头，名字叫跦踢。还有三只青色的野兽交合并在一起，名字叫双双。

有座山叫阿山。南海之中，有座山叫氾天山，赤水最终流到这里。在赤水的东面，有个地方叫苍梧野，舜与叔均都葬在这里。这里有花斑贝、离朱鸟、鹞鹰、老鹰、乌鸦、两头蛇、熊、罴、大象、虎、豹、狼、视肉。

关于舜的故事，我们在前三册已经讲了不少，这里再给大家详细讲一讲他是怎么死的吧。

舜接任首领的位置后举贤任能，选用"八恺""八元"等治理民事，放逐"四凶"，任命禹治水，完成了尧未完成的盛业。传说他巡狩四方，整顿礼制，减轻刑罚。要求人民"行厚德，远佞人"，"直而温，宽而栗，刚而毋虐，简而毋傲"，孝敬父母，和睦邻里。在其治理下，政教大行，八方宾服，四海都称颂舜的贤德。

尧死之后，舜在位39年，这时他的年纪已经大了，突然听说苍梧之野的九嶷（yí）山上有九条恶龙，分别住在九个岩洞里。它们经常到湘江戏水玩乐，以致洪水暴涨，庄稼被冲毁，房屋被冲塌，老百姓叫苦不迭，怨声载道。

舜十分关心百姓的疾苦。恶龙祸害百姓的消息让他寝食难安，一心想要到南方去帮助百姓除害解难，惩治恶龙。他的两个妻子——娥皇和女英，虽然

出身天子家，又身为帝妃，却深受尧、舜的影响和教诲，并不贪图享乐，而是同样关心百姓的疾苦。因此，虽然她们对舜依依不舍，但一想到能为湘江的百姓解除灾难和痛苦，她们还是强忍着内心的离愁别绪，欢欢喜喜地送舜上路了。

舜走了之后，娥皇和女英在家等着他征服恶龙凯旋的喜讯，日夜为他祈祷，希望他可以早日胜利归来。可是，一年又一年过去了，舜依然杳无音信，她们不免也有些担心了。

娥皇说："难道是他被恶龙伤害了？或者是病倒他乡？"

女英说："难道是他在途中遇到危险了？或者是山路遥远迷失了方向？"

她们两人思前想后，觉得与其待在家里久久盼不到音讯，见不到舜回来，还不如出门前去寻找。于是，她们迎着风霜，一路跋山涉水，到南方的湘江去寻找她们的丈夫。

历尽千辛万苦，两个人终于来到九嶷山。她们沿着大紫荆河到了山顶，又沿着小紫荆河下来，找遍了九嶷山的每个山村，踏遍了九嶷山的每条小径，都没有找到舜的身影。

这一天，她们来到了一个名叫"三峰石"的地方，在这里，耸立着三块大石头，翠竹围绕，还有一座珍珠贝垒成的高大坟墓。

她们非常惊讶，便问附近的乡亲："是谁的坟墓如此壮观美丽？三块大石为何险峻地耸立？"

乡亲们含着眼泪告诉她们："这便是舜帝的坟墓，他从遥远的北方来到这里，帮助我们斩除了九条恶龙，人民过上了安乐的生活，可是他却流尽了汗水，淌干了心血，受苦受累病死在这里了。"

原来，舜病逝之后，湘江的父老乡亲们感激舜的厚恩，特地为他修了这座坟墓。九嶷山上的一群仙鹤也为之感动，它们朝朝夕地到南海衔来一颗颗灿烂夺目的珍珠，撒在舜的坟墓上，便成了一座"珍珠坟墓"，而这里耸立着的三块巨石，是舜灭恶龙用的三齿耙插在地上变成的。

娥皇和女英得知实情后，难过极了，抱头痛哭起来。她们悲痛万分，一直哭了九天九夜，眼睛哭肿了，嗓子哭哑了，眼泪也流干了。最后，两个深爱着丈夫的妻子痛不欲生，便一起跳入波涛滚滚的湘江里，化为湘江女神。后来，人们便称舜为湘君，称娥皇、女英为湘夫人。

湘夫人

从荣山到不庭山：
玄蛇 麈 黄鸟 三身国 帝俊 娥皇 舜

有荣山，荣水出焉。黑水之南，有玄蛇，食麈①。

有巫山者，西有黄鸟。帝药，八斋②。黄鸟于巫山，司此玄蛇。

大荒之中，有不庭之山，荣水穷焉。有人三身。帝俊妻娥皇，

生此三身之国，姚姓，黍食，使四鸟。有渊四方，四隅皆达，北属③黑水，南属大荒，北旁名曰少和之渊，南旁名曰从渊，舜之所浴也。

①麈（zhǔ）：古书上指鹿一类的动物。　②八斋：八个处所。　③属：连通，连接。

有座山叫荣山，荣水从这里发源。在黑水的南面，有一条黑蛇，吞食麈。

有座山叫巫山，在它的西面有黄鸟。天帝的仙药，就藏在巫山的八个处所中。黄鸟在巫山上，监视着黑水南边的那条黑蛇。

在大荒当中，有座山叫

不庭山，荣水最终流到这里。这里的人长着三个身子。帝俊的妻子叫娥皇，三身国的人就是他们的后裔。三身国的人姓姚，以黄米为食，能驱使四种野兽。这里有个深渊呈四方形，四个角与其他水系连通，北边与黑水相连，南边和大荒相通。北侧的深渊称作少和渊，南侧的深渊称作从渊，是舜洗澡的地方。

三身国人

　　此处的"荣山""荣水"，有的版本也写作"荥山""荥水"。在前面的《中次十一经》里，从朝歌山发源的沇水流入荥水。荥水大概就是今天的北汝河，该河发源于河南省嵩县车村镇栗树街村北分水岭摞摞沟，流经汝阳县、汝州市、郏县、宝丰县、襄城县、叶县六个县市，在襄城县丁营乡汇入沙河。

　　我们前面曾考证，麈就是今天的驼鹿，是世界上最大的鹿科动物。所以"玄蛇食麈"应当与前面讲到的"巴蛇食象"相似。有一种观点认为，这里的玄蛇就是巴蛇。这种大蛇危害很大，所以上帝派黄鸟来看管它，以防止它偷仙药。

　　黄鸟即凤凰。袁珂注："或谓黄鸟司察此贪婪之玄蛇，盖防其窃食天帝神药也。古黄、皇通用无别，黄鸟即皇鸟，盖凤凰属之鸟

也。"因此，经文中的"帝"指的应该是帝俊，而非黄帝，因为只有帝俊才会役使凤凰。

黄鸟

关于黄鸟守护仙药防蛇盗食的场景，与后世《白蛇传》所说的白娘子盗仙草时与守药仙童（鹤神、鹿神）交战的故事很像，二者或有某种关联。

关于三身国，前面的《海外西经》已经详细阐述，在此不做展开。不过，值得注意的是，此处经文有"帝俊妻娥皇"之语，我们都知道，娥皇、女英是舜帝的妻子，所以这也是帝俊为帝舜化身的一个证明。

从成山到不姜山：
季禺国 颛顼 羽民国 卵民国

又有成山，甘水穷焉。有季禺之国，颛顼之子，食黍。有羽民之国，其民皆生毛羽。有卵民之国，其民皆生卵。

大荒之中，有不姜之山，黑水穷焉。又有贾山，汔水出焉。又有言山。又有登备之山，有恝恝之山[1]。又有蒲山，澧水[2]出焉。又有隗山[3]，其西有丹，其东有玉。又南有山，漂水出焉。有尾山。有翠山。

①恝恝（qì）之山：古山名。 ②澧（lǐ）水：古水名。 ③隗（wěi）
山：古山名。

又有座山叫成山，甘
水最终流到这里。有个国家
叫季禺国，国民是颛顼的后
裔，以黄米为食。还有个国
家叫羽民国，这里的人都身
长羽毛。又有个国家叫卵民
国，这里的人都产卵，然后
人从卵中孵化而出。

大荒之中，有座山叫不
姜山，黑水最终流到这里。又有座山叫贾山，汔水从这里发源。
又有座山叫言山。又有座山叫登备山。有座山叫恝恝山。又有座
山叫蒲山，澧水从这里发源。又有座山叫隗山，它的西面蕴藏有
丹雘，东面蕴藏有玉石。南面还有座山，漂水从这里发源。有座
山叫尾山。有座山叫翠山。

《山海经》所记事物的真实性历来都被人们质疑，司马迁直言
其内容"余不敢言也"，明代胡应麟将其当作"古今语怪之祖"，而
鲁迅则认为它是一本"巫觋、方士之书"。客观来讲，得到这样的

评价也很正常，因为它里面的许多内容实在太颠覆人们的认知了。

可是，随着越来越多的事情被证实，我们不得不重新认识这本书：人们对《山海经》的质疑，或许并非因为它的内容是错的，而是源于人们自己的无知。在众多被证实的怪异内容当中，卵民国便是其中之一。

人由胎生，鸟由蛋出，这是生物进化最基本的常识，但《山海经》却告诉你："不，不是这样的，有一种人就是卵生的。"

事实上，对卵生人的记载不只出现在《山海经》中，两千多年前的佛教经典《涅槃经》也有："凡夫众生有四种生处，卵、湿、胎、化是也。此四生处人亦具足，如比丘香萨拉、比丘俄巴西巴拉等人就乃卵生；施主呢嘎拉之母亲、施主呢嘎德之母亲、施主潘夏乐之母亲等人，各个均育有五百儿子，此五百子皆从蛋中破壳而出。诸位母亲先各自产下一蛋，不久，众儿子即纷纷从蛋中孵化而出。由此可见，人中亦有卵生者。"而《俱舍论》中也曾说过："于彼卵生等，众生有四生，人及旁生同。"

有趣的是，这种颠覆人们认知的传说似乎已经变成了事实。据报道，一队探险家在印度尼西亚婆罗洲的原始森林内，找到一个被遗忘的史前人类部落，并发现这个部落的婴孩全部是由卵生孵化出来的。

当时，为了研究原始部落生活，探险队领队、德国人类学家劳·沃费兹博士和其他十名探险队员深入印度尼西亚婆罗洲的热带雨林。当他们来到一处山脊，正要步入下面的山谷时，忽然听到头上的大树间传来一阵尖叫声。队员们顺着声音的来处望去，只见树枝上一些全身赤裸的怪人正蹲在一个个用树叶青草砌搭成的巢穴内，目不转睛地望着他们，并不时兴奋地像鸟雀般叽叽喳喳叫个不停。队员们都吓坏了，以为遇到了森林中的怪物。也许是这些怪人见队员们没有恶意，过了一会儿，有二十多个怪人从树上下来，慢慢地试探性地向探险队员们走来，队员们不敢大意，一步步向后退着。后来，队员们觉得怪人没有要侵犯的意思，就放心地打量起他们来。

这些怪人大约只有1.2米高，看起来十分原始，他们的样子虽然像人，却有着雀鸟个性，活蹦乱跳的。他们只有一颗大牙，就像象牙一样，从口中凸出来。他们来到探险队员的面前，既不害怕，也没有显示出敌意，还不时用他们那鹰爪似的手拿出一些大蚯蚓来，请探险队员们吃，这些仿佛是他们的美食，但队员们却不敢尝试。

卵民国人

过了一会儿，也许是双方熟悉了，这伙原始人将探险队带到了树上他们的住处——一个建筑在几棵大树上的巨大平台。探险队员爬上平台，立即看到了一幕惊人的情景：三十多个女"鸟人"正各自坐在一枚白色的大蛋上进行孵化。在其中一个角落，一个婴儿用长牙将蛋壳弄开，破卵而出了。看到这幅景象，队员们觉得他们的生育方式与鸟类并无差异。

探险队经过一段时间观察，搞清了女"鸟人"整个生育过程。原来她们并不像一般人类要怀胎十月那样，这里的女"鸟人"怀孕六个月后，便会生下一枚大蛋来，再接着进行三个月孵化，直至婴儿出生，九个月的孕育过程才告完成。这时，做母亲的就和常人一般，用母乳哺育婴儿。

探险队离去的时候，那些卵生的"鸟人"送给他们很多蚯蚓，还发出鸟鸣的声音欢送他们。但是队员们心里都有一个疑问：在人类文明进入现代社会的今天，为什么会存在这样一个奇怪的民族呢？他们在生物学上是人类还是鸟类呢？

从盈民国到去痊山：
盈民国 不死国

有盈民之国，於姓，黍食。又有人方食木叶。

有不死之国，阿姓，甘木①是食。

大荒之中，有山名曰去痊②。南极果，北不成，去痊果。

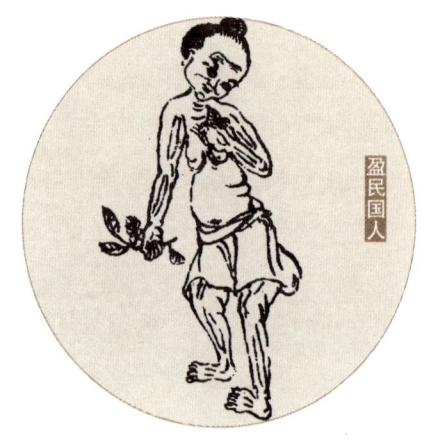

盈民国人

①甘木：传说中的不死树，人吃了它后能长生不老。 ②去痊（zhì）：古山名。

译文

　　有个国家叫盈民国，那里的人都姓於，以黄米作为食物。另外有人正在吃树叶。

　　有个国家叫不死国，那里的人都姓阿，以不死树作为食物。

　　在大荒当中，有座山叫去痓山。在山的南边能结果，在山的北边则不能结果，这就是去痓这种植物。

　　盈民国，从国名来看，应该是一个富庶的国度，这个国家的人以黄米为食。不过，紧接着，经文便来了一句"又有人方食木叶"。

　　为什么有人吃树叶，难道是盈民国遇到了荒年吗？在上古时代，这种情况应该很普遍，即使是在富庶的盈民国。不过，古代学者却并不这样认为。

　　郝懿行有一条注释："《吕氏春秋·本味篇》高诱注云：'赤木玄木，其叶可食，食之而仙也。'又《穆天子传》云：'有模堇，其叶是食明后。'亦此类。"原来，吃树叶不是为了果腹，而是为了成仙，《山海经》的时代还真是一个神奇的时代啊。

　　紧接着，下面就出现了一个不死国。不过，这个国家的人之所以不死，并非吃了郝懿行所说的赤木或玄木的树叶，而是吃了甘

盈民国人

木，或者是甘木的果实。

不死国即《海外南经》出现的不死民，而甘木则大概是《海内西经》所记昆仑山上的不死树。郭璞注："甘木即不死树，食之不老。"

痋，风疾，去痋山应当是巫师给病人治疗风疾的场所。"去痋果"应当是指治疗风疾的果子，这种果树种在南方才能结果，种在北方就结不成，类似南桔北枳的现象。

袁珂认为，"南极果，北不成，去痋果"几句是巫师的咒语渗入经文，鲁迅称《山海经》为"盖古之巫书"，于此可见一斑。

从南海渚到因因乎：
不廷胡余 因因乎

南海渚中，有神，人面，珥两青蛇，践两赤蛇，曰不廷胡余。有神名曰因因乎，南方曰因乎，来风曰乎民，处南极以出入风。

译文

在南海的岛屿上，有一位神，长着人的面孔，耳朵上穿挂着两条青蛇，脚底下踩踏着两条红蛇，他的名字叫不廷胡余。

有个神名叫因因乎，南方人称他为因乎，从南方吹来的风叫乎民，他处在大地的南极，掌控着风起风停。

在《大荒东经》中，记有北海海神禺京和东海海神禺貌，这位

名为不廷胡余的样子和那两位海神如出一辙，而他又位于南海岛屿上，所以应该就是南海海神。

不廷胡余

关于不廷胡余的名字，并没有什么特定的含义，大概是出自音译的关系吧。有人推测，不廷胡余有可能是冰夷，其理由是"不廷"疾读即是"冰"，"胡余"疾读便是"夷"。从形象上看，《山海经》中记载其他三位海神皆是"人面鸟身"，唯独不廷胡余仅为"人面"而没有身体的描述，这与冰夷仅记载"人面"的特征一致。此外，从职能上看，不廷胡余是南海之神，当然也是水神；冰夷为水神，却也经常游于大海，此外在《楚辞·远游》中有一句"另海若舞冯夷"，海若为北海之神，所以并列的冯夷极有可能指与之对应的南海之神。

这一推测虽然稍有附会之嫌，却也不失为一家之言。

因因乎为南方之神，为《山海经》中的四方神之一，掌管南风。相比之下，东方之神折丹、西方之神石夷、北方之神鹓同时还身负观测日月运行的职责，只有此处没有说明南方神因因乎的天文观测活

因因乎

动。或许是经文有脱落，也或许是因为南方能够看到的具有指示季节作用的星辰相对比北方少，因因乎没有办法完成这一使命。

从襄山到载民国：
季厘 帝俊 季厘国 少昊 倍伐
载民国 帝舜 无淫 巫载民

　　有襄山。又有重阴之山。有人食兽，曰季厘。帝俊生季厘，故曰季厘之国。有缗渊。少昊生倍伐，倍伐降处缗渊[①]。有水四方，名曰俊坛。

　　有载民之国[②]。帝舜生无淫，降载处，是谓巫载民。巫载民盼[③]姓，食谷，不绩不经[④]，服也；不稼不穑[⑤]，食也。爰有歌舞之鸟，鸾鸟自歌，凤鸟自舞。爰有百兽，相群爰处。百谷所聚。

注释

　　①缗（mín）渊：深渊名。 ②载（zhí）民之国：古国名。③盼（fén）：头大的样子，这里指姓氏。 ④不绩不经：绩，把麻搓捻成线或绳。经，织布时用梭穿织的竖纱，编织物的纵线。这里都指纺织。 ⑤穑（sè）：收割谷物，泛指耕作。

译文

　　有座山叫襄山。又有座山叫重阴山。有人在吞食野兽肉，他

的名字叫季厘。季厘是帝俊的儿子，所以称作季厘国。有一个缗渊。倍伐是少昊的儿子，倍伐被贬后住在缗渊。有一个水池呈四方形，叫俊坛。

有个国家叫载民国。无淫是帝舜的儿子，他被贬后住在载，他的后裔就是所谓的巫载民。巫载民都姓盼，以各种农作物为食，不从事纺织，自然有衣服穿；不从事耕种，自然有粮食吃。这里有能歌善舞的鸟，鸾鸟自由自在地歌唱，凤鸟自由自在地舞蹈。这里又有各种各样的野兽，它们群居在这里。这里是各种农作物聚集的地方。

据《左传·文公十八年》记载："高辛氏有才子八人：伯奋、仲堪、叔献、季仲、伯虎、仲熊、叔豹、季狸，忠肃共懿，宣慈惠和，天下之民谓之八元。"郝懿行认为，季狸与季厘字形相似、字音相同，二者应该为同一个人。

《左传》所说的"八元"，应该就是《海内经》所说的帝俊八子："帝俊有子八人，是始为歌舞。"另外，其中的"高辛氏"，就是在颛顼之后担任部落联盟首领的"帝喾"，和帝俊、帝舜其实是同一个人。

在另外的传说中，帝喾是黄帝的曾孙，他没有八个儿子，而是四个儿子（四个妃子各生一个），都非常有出息。元妃"姜嫄"生子名"弃"，是后来周朝国君的祖先；次妃"简狄"生子名"契"，

是后来商朝国君的祖先；三妃"庆都"生子名
"放勋"，就是帝尧；四妃"常仪"生子
名"挚"，也一度接登帝位。

在"季厘之国"后，紧接
着又出现了"少昊生倍
伐"。我们知道，少昊是黄
帝的长子，按这个辈分算下
来，倍伐应该和帝喾（即帝
俊）的父亲同辈。经文将二者放在一起，或许是在表明倍伐就
是帝俊的父亲，他被贬到了缗渊这个地方，随后传下了季厘国。

郭璞对于"有水四方，名曰俊坛"有一条注释："水状似土坛，
因名舜坛也。"这说明，郭璞也认为帝俊就是帝舜。此处的缗渊、
俊坛，和前面《大荒南经》说不庭山所记"有渊四方，四隅皆达，
北属黑水，南属大荒，北旁名曰少和之渊，南旁名曰从渊，舜之所
浴也"场景类似。这表明，凡是帝俊的后裔，都要在自己居住地方
的水中修建祭祀坛，并在这里举行苍术祭祀活动。

关于载民国，经文中讲得很清楚，帝舜的儿子无淫迁到载这个
地方，建立了国度。可是，为什么非要加一个"巫"字称为"巫载
民"呢？

在回答这个问题之前，我们先来看看巫载民过的是什么样的日
子吧：各种农作物都有，不纺织就有衣服穿，不耕种就有粮食吃。
他们还有一群会唱歌跳舞的鸟儿，整天和各种野兽和谐相处。

有学者认为，巫载民就是《海外南经》所记的载国，可是我们
看看载国人过的是什么样的日子："载国在其东，其为人黄，能操弓
射蛇。"简直跟巫载民没有法比。

这到底是怎么回事呢？袁珂给出了答案："载民而称巫，盖此国之人其以巫为业乎？灵山十巫有巫盼，此则曰'巫载民盼姓'，此中消息可以想见。"

大家明白了吧？巫载民并非不劳而获，而是他们从事的职业不需要纺织和耕种，那些跳舞的鸟儿，以及其他的野兽，都是他们从事巫术活动的工具。只要他们用巫术帮别人解决了困难，自然就有人把粮食送到他们居住的地方。

从融天山到蜮山：
凿齿 羿 蜮民国 蜮人

大荒之中，有山名曰融天，海水南入焉。

有人曰凿齿，羿杀之。

有蜮①山者，有蜮民之国，桑姓，食黍，射蜮是食。有人方扞②弓射黄蛇，名曰蜮人。

①蜮（yù）：传说中一种在水里暗中害人的怪物，口含沙粒射人的影子，被射中影子的会生病。 ②扞（yū）：拉，张。

在大荒当中，有座山叫融天山，海水从南面流进这座山。

有一个神人叫凿齿，羿杀了他。

有座山叫蜮山，山上有个国家叫蜮民国，国民都姓桑，以黄米作为食物，也吃射死的蜮。有人正在拉弓射杀黄蛇，他的名字叫蜮人。

关于融天山，郝懿行注曰："《大荒北经》云：'不句之山，海水入焉。'盖海水所泻处，必有归墟、尾闾为之孔穴，地脉潜通，故曰入也。下又有天台高山，为海水所入。《大荒北经》亦有北极天柜，海水北注焉。皆海水之所泻也。"

关于羿杀凿齿的故事，我们在《海外南经》已经讲过，这里不再赘述。

我们要想弄清楚蜮民国，首先要搞明白蜮是什么，我们先来看看其他古籍中是怎么记载的吧。《说文解字》："蜮，短狐也，似鳖，三足，以气射害人。"《竹书纪年》："二年，王子颓乱，王出居郑，郑人入王府多取玉，玉化为蜮射人。"《搜神记》："其名曰蜮，一曰短狐，能含沙射人，所中者则身体筋急、头痛、发热，剧者至死。"《汉书·五行志》："蜮犹惑也，在水旁，能射人，射人有处，甚者至死，南方谓之短弧。"颜师古注："即射工也，亦呼水弩。"《博物志·异虫》："江南山溪水中射工虫，甲类也，长一二寸，口中有弩形，气射人影，随所著处发疮，不治则杀人。"

综上所述，蜮是一种传说中的害人虫，又名短狐、短弧、射工、水弩，形状像鳖，有三只脚，口中生有一条横肉呈弓弩形，其本生活在南方水中，听到有人在岸上或水上经过，就口含沙粒射人或射人的影子，被射中的就要生疮，被射中影子的

也要生病，严重的还会要人命。蜮民国的人不仅不怕这种害虫，而且还拿它们当食物，可见民风相当彪悍。

从宋山到祖状尸：
育蛇 蚩尤 祖状尸

有宋山者，有赤蛇，名曰育蛇。有木生山上，名曰枫木。枫木，蚩尤所弃其桎梏，是为枫木。

有人方齿虎尾，名曰祖状之尸。

有座山叫宋山，山中有一种红蛇，名字叫育蛇。山上还有一种树，名字叫枫木。枫木是蚩尤丢掉的身上的刑具变化而成的一种树。

有个神人正在咬老虎的尾巴，他的名字叫祖状尸。

祖状尸

黄帝与蚩尤的战争，可以说是我国上古时代最重要的大事件，它对整个中华民族有着深远的影响。直到今天，关于这场战争的争论依然没有停止。

大家首要的关注点，就是蚩尤最终结局到底如何？一种说法认为，黄帝不仅没有杀死蚩尤，反而重用了他。如《龙鱼河图》所言："帝因使之主兵，以制八方。"等到秦汉时期，民间还存在以蚩尤为兵主行礼祠的风俗，以至于到了秦始皇东游及高祖刘邦起兵时，都遵从民俗对蚩尤进行了祭祀。

事实上，黄帝重用蚩尤的观点是说不通的，因为与蚩尤的战争，黄帝部落受到的损失极为严重。如果不惩治这个万恶的元凶，黄帝对自己的将士和人民都没有办法交代，而且让蚩尤掌兵权，那就更不可能了，难道黄帝就不怕他再造反吗？之所以出现这样的记载，实际上体现了黄帝部落与蚩尤部落的不同阶段与不同侧面。

我们知道，"蚩尤"不只是对部落酋长的称谓，也是对部落的称谓，同时还是对部落全体成员的称谓。蚩尤部落的第一任酋长称蚩尤，第二任酋长亦称蚩尤；第一代部落成员称蚩尤，第二代部落成员仍然被称为蚩尤，如同《大戴礼记·五帝德》记"黄帝三百年"之类传言性质一样。显然，挑起战争的那一位蚩尤部落的酋长肯定是被杀死了，他所统帅的部族也被杀了很多，但将整个部落斩尽杀绝是不可能的，最终只能是让战败的部落在服从的条件下保持原状生活下去，延续下来的蚩尤部落仍然会祭祀他们当年那个伟大的祖先。

如果说作为酋长的蚩尤被黄帝杀死了，那么他是如何被杀死的呢？对此，说法也不一，其中《山海经》给出的答案是：黄帝在战争中捉住蚩尤，直接就在涿鹿这个地方把他杀了。而且，蚩尤不是凡人，在杀他的时候还怕他逃跑，不敢除去他身

枫木 育蛇

上的刑具，直到确定他已经死了，才把他身上血染的桎梏摘下来抛掷到荒野当中。这时，神奇的一幕出现了，刑具竟然立时便化作了一片枫林，每一片树叶的颜色都是鲜红的，那是蚩尤的血迹浸染的。

关于蚩尤被杀的地点，还有另外一种说法：蚩尤并没有在涿鹿被捉住，而是战败后逃到冀州中部才被捉住，于是黄帝便砍下了他的头，使其身首异处，分解为二，后来那个地方就被称为"解"，在今天山西省的运城市。运城市境内有一座盐池，叫解池，有一百二十里宽广，池里的盐水呈红色，当地人说那就是蚩尤被杀流的血。

至于蚩尤的尸体，则被分别运往了两个地方进行掩埋，以免他在死后作怪。蚩尤的头被埋在了今天的山东省阳谷县，修了一座高达七丈的大坟，当地人称"皇姑冢"。据《皇览·冢墓记》记载，

在蚩尤冢附近一带，每年十月都有祭祀蚩尤的风俗。传说，在祭祀的时候，总会有一道红色的雾气从蚩尤坟墓的顶上冲出来，直达云霄，好像是挂着的一面旌旗，人称"蚩尤旗"。这似乎说明蚩尤不甘心失败，还在那里怨气冲天呢。

相传，饕餮就是蚩尤败给炎黄二帝后被斩下的首级集怨气所化，有吞噬万物之能，被黄帝用轩辕剑封印（喻剑上龙纹），并由狮族世代看守（守门石狮）。又《山海经·北次二经》所记"狍鸮"，郭璞注以为即《左传》之饕餮。

自20世纪70年代以来，文物学家们对阳谷县蚩尤冢进行了三次考古。1973年，中国社会科学院考古研究所山东队在遗址中心发掘了一条深沟，并粗略定为仰韶文化遗址；1994年，山东省考古所所长、考古学家带领考古勘探队员发现了部分城垣，确定为后岗一期和龙山文化；2006年，聊城市文物考古队对"冢"及其周围进行全面勘探，探明"冢"最上层是汉代文化层，中间是龙山文化层，底层是大汶口文化层（兼有少量仰韶文化）。2006年和2008年，阳谷举办了两届蚩尤文化研讨会。在2008年的研讨会上，贵州省苗学会原会长王朝文说，有文献记载、考古支持、民俗佐证共同证明：皇姑冢就是蚩尤首级冢。

山东省巨野县也有一座蚩尤墓，埋葬的是蚩尤的身躯，又叫"肩髀冢"，大小和阳谷县的差不多，却没有什么灵怪。

蚩尤的遗迹，除了以上所说还有很多，比如据《述异记》记载："今冀州人掘地得髑髅如铜铁者，即蚩尤之骨也。今有蚩尤齿，长二寸，坚不可碎。"

总之，不管如何，向黄帝发起挑战的蚩尤最终是被杀死了，这一点是毋庸置疑的。

从焦侥国到歽涂山：
焦侥国 大禹 群帝

有小人，名曰焦侥之国，几①姓，嘉谷是食。

大荒之中，有山名歽涂②之山，青水穷焉。有云雨之山，有木名曰栾。禹攻③云雨，有赤石焉生栾，黄本，赤枝，青叶，群帝焉取药。

①几：这里指姓氏。 ②歽（xiǔ）涂：古山名。 ③攻：这里指砍伐林木。

有个由小人组成的国家，叫焦侥国，国民都姓几，吃的是优良谷米。

在大荒当中，有座山叫歽涂山，青水最终流到这里。有座山叫云雨山，山上有一种树叫栾树。大禹在云雨山砍伐树木时，发现红色岩石上忽然生长出这种栾树，它

焦侥国人

是黄色的树干、红色的枝杈、青色的叶子，天帝们都到这里来取仙药。

　　关于小人国的问题，前面在《大荒东经》关于"靖人"那一节我们曾经探讨过，这里再继续做进一步的探讨。

　　《山海经》中有多处关于小人国的记载，《海外南经》云："周饶国在其东，其为人短小，冠带。一曰焦侥国在三首东。"两相对照，显然焦侥国和周饶国说的应该是一回事，所以我们可以将其放在一起讲。

　　虽然同为小人，但小人和小人也有不同。比如，据唐朝《通典》记载："小人，在大秦之南。躯才三尺，其耕稼之时，惧鹤所食。大秦每卫助之，小人竭其珍以酬报。"3尺，大约是1米，就相当于我们正常人当中的侏儒。而我们前面提到的鹤民国才3寸，也就是只有10厘米左右，这种只能用"微型人"来形容。

焦侥国人

　　《山海经》中的焦侥国虽然没有明确的身高记录，但一句"其为人短小"，可以让我们判断其应该是类似于《通典》里面的矮人，而非仅三寸的微型人。如果是这样的话，那么当今世界确实可以找到这一类的人种，这又是一个《山海经》所记并非"妄语怪谈"的证明。

　　在中非、刚果（布）和刚果（金）三国交界处的热带丛林，有一种俾格米人，他们身材矮小，大多数人身高仅一米二三，最高的也不超过1.4米。不过，他们身材很匀称。

　　俾格米人现在人口约有20万，他们完全过着原始社会的生活，不穿衣服，无论男女老少都是裸体，只在下腹部挂上一点儿树叶。赤道附近的热带原始森林里，气温普遍在30℃以上，这使得他们不穿衣服也不会感到寒冷。

　　俾格米人主要靠打猎和采集生活。男人外出打猎时，会制作一种麻醉剂，将其涂抹在弓箭上射向要捕捉的动物，这样就会更容易地将猎物捕获，甚至是大象和狮子也能捕获。女人主要是采集树根和野果。

　　俾格米人有自己的语言，但没有文字，他们也听不懂别的部族的语言。他们没有"数"的概念，也没有时间的概念。曾经有人试图通过当地的翻译问他们的年龄，他们摇头表示不知道。听翻译说，他们的寿命一般在30岁到40岁。这主要因为他们生活条件十分艰苦，医疗卫生无法保障，所以寿命一般很短。

　　俾格米人并不想成立自己的国家，他们只是非洲的一个部族。中非共和国曾经试图让小人国的居民搬出丛林，过现代人的生活，却遭到了拒绝。不过中非每年国庆的时候，都有一个小人的行列参加国庆游行。他们的总统总是高兴地对客人说："我们的公民来了。"

　　俾格米人是通过部族首领来管理的。几户十几户就可组成一个小的部落。大的部落则有几十户到上百户。部落不分大小，都有自己的首领。首领通过自己的权威进行管理，通常，猎取的食物要平均分配，只是首领的那份比别人多些。俾格米人吃熟食，他们打了猎物之后，便将猎物整个放在火上烤，然后用手撕着吃。他们挖来薯根儿之后便放在一个容器里煮，然后捣碎，用手抓着吃。俾格米人最爱吃的食品是蜂蜜。如果他们发现有一窝蜜蜂，便点起大火将蜜蜂烧死，甚至不顾没有死的蜜蜂的蜇咬，就用手到蜂窝里挖蜂蜜吃。吃不完的，就用树叶包起来带回家给老婆孩子吃。

森林深处的俾格米人对外人有敌视情绪，曾经发生过袭击游人的情况，但森林边上的俾格米人比较友好。因为游人会给他们准备礼物，比如肥皂、火柴、香烟和糖果，这些都是最受他们欢迎的礼物。得到礼物以后，他们还会给游人表演舞蹈。

在外人看来，俾格米人似乎过着"世外桃源"式的生活，但是这种生活并不令人羡慕。因为他们的生活极其艰难，有时打不到猎物，就会饿几天肚子。另一方面，他们住的条件非常简陋，只是用树枝和树叶搭就的茅草棚，既不避风，也不挡雨。此外，森林里毒蚊和毒虫很多，他们经常要忍受蚊虫的叮咬。

俾格米人虽然过着原始社会的生活，但他们的婚姻制度并不落后，他们实行一夫一妻制。一个小伙看中了某家的姑娘，便去向姑娘求婚，姑娘若是同意，小伙便留在她家接受考验。白天他要与姑娘的父亲一起打猎，晚上则可以与姑娘同居。通过一段时间的考验，若是姑娘全家没有意见，这门亲事便成功了。小伙家里送来彩礼，便可把姑娘接到家里成亲。

就像非洲奇特的自然景观一样，神秘、纯朴的俾格米人成了热带丛林里的一道人文景观。

从伯服国到张弘国：
伯服国 颛顼 伯服 鼬姓国
昆吾师 张弘 张弘国

有国曰颛顼，生伯服[①]，食黍。有鼬姓之国。有苕山。又有宗山。又有姓山。又有[ご山。又有陈州山。又有东州山。又有白水山，白水出焉，而生白渊，昆吾[②]之师所浴也。

有人名曰张弘，在海上捕鱼。海中有张弘之国，食鱼，使四鸟。

①有国曰颛顼，生伯服：脱"伯服"二字，当为"有国曰伯服，颛顼生伯服"。 ②昆吾：传说是上古时的一个诸侯。

有个国家叫伯服国，伯服是颛顼的儿子，那里的人以黄米为食。有个国家叫鼬姓国。有座山叫苕山，又有座山叫宗山。又有座山叫姓山。又有座山叫[ご山。又有座山叫陈州山。又有座山叫东州山。还有座山叫白水

张弘国人

山，白水从这里发源，然后汇聚成为白渊，白渊是昆吾的师父洗澡的地方。

有个人叫张弘，在海上捕鱼。海上有个国家叫张弘国，那里的人把鱼作为食物，能够驱使四种野兽。

关于"有国曰颛顼"一节，有人认为其记述了多处独立场景，各处场景之间几乎没有关联，所以应当分散断句。为了保持经文的原貌，这里仍然按照原版断句，下面我们对其进行一一解读。

我们知道，在《山海经》中"某帝生某人"，"某人"不一定是"某帝"的儿子，也可能是他的后裔或下属。不过，这位伯服的确是颛顼的儿子。关于伯服，吴任臣有一条注释："《世本》云：'颛顼生偊，偊字伯服。'"

在《山海经》中，关于某国人"食黍"或"食黍"的记载有不少，有人认为这表明当时的农业已经十分兴盛。不过，事实或许恰恰相反，因为如果当时吃黄米已经很普遍了，那么经文中就没有必要记载了，而之所以记载下来，恰恰说明农业处于刚刚兴起的阶段，当地人开始吃黄米，还是一个新鲜事。

鼬姓国，从字面理解，应该就是一个以鼬为姓的国家。不过，从深层理解的话，也可以推断这个国家大概以鼬为图腾。今天的鼬，是一种小型食肉类动物，主食鼠类，能追寻鼠迹出入鼠洞，捕杀整窝老鼠；亦吃小鸟、鸟卵、蛙类、昆虫和鱼，偶尔盗食家禽。其中，最小的伶鼬体长13～20厘米，体重30～70克；体形较大的黄鼬和艾鼬，体长30～50厘米，体重0.5～1千克。在《山海经》并没有关于鼬的记载，且"鼬"字的出现也仅此一次。

关于"昆吾"，学界有争议，有的说是山名，有的说是人名。

郭璞注："昆吾，古王者号。《音义》曰：'昆吾，山名，谿水内出善金。'二文有异，莫知所辨测。"事实上，这二者并不矛盾，昆吾既是人名，也是山名，这种情况在现实当中很普遍。

事实上，昆吾是上古"五帝"之一颛顼之后。据《路史·后纪》记载：颛顼生老童；老童生伯偊、卷章、季禺三人；卷章生黎及回（吴回）；吴回生陆终；陆终生子六人，其中长子叫"樊"，樊是己姓，帝喾时封于昆吾，即古帝丘颛顼之虚这个地方，陆终长子"樊"因封而得名。

受封之后，昆吾曾发展为上古五霸之一。《国语·郑语》："昆吾为夏伯矣，大彭、豕韦为商伯矣。"《史记·楚世家》："昆吾氏，夏之时尝为侯伯，桀之时汤灭之。"《白虎通义》："五霸者，何谓也？昆吾氏、大彭氏、豕韦氏、齐桓公、晋文公也。"就算作为王国，昆吾到夏代的时候已经降为"伯"位，但是仍然是五霸之一。

《竹书纪年》："夏……帝廑四年，昆吾氏迁于许。帝癸二十八年，昆吾会诸侯伐商……汤乃兴师率诸侯，伊尹从汤，汤自把钺以伐昆吾……昆吾为汤所灭。"夏帝廑时昆吾迁于"许"（又称"旧许"，即今河南省许昌市）；夏朝衰落后，昆吾联合各诸侯攻打商汤，结果被商汤所灭。

关于经文中所说的"昆吾之师"，有两种解释，一种是昆吾的老师，一种是昆吾的军队。不管是哪一种解释，"昆吾之师所浴"都并非正常的沐浴，而是与前文"舜之所浴"一样，都是一种宗教巫术活动。

关于张弘，袁珂注释："此张弘实即《海外南经》所记之长臂国也。《穆天子传》卷二云：'天子乃封长肱于黑水之西河。'郭

注云：'即长臂人也，见《山海
经》。'张、长形音俱近，是
张弘即长肱亦即长臂矣。
况此张弘'在海上捕
鱼'，复与长臂国人'捕
鱼水中'职业相同，二国
所处又俱南方，则此经
张弘之国为《海外南
经》长臂国断无可疑也。"袁
珂的分析很有道理。

张弘

从鸟人到驩头国：
鸟人 驩头 鲧 士敬 炎融 驩头国

有人焉，鸟喙，有翼，方捕鱼于海。

大荒之中，有人名曰驩头①。鲧②妻士敬，士敬子曰炎融，生驩
头。驩头人面鸟喙，有翼，食海中鱼，杖翼而行。维宜芑③苣，穋④
杨是食。有驩头之国。

①驩（huān）头：就是所说的讙头、讙朱、丹朱等。 ②鲧（gǔn）：
上古舜时代的一个大臣，也是禹的父亲。 ③芑（qǐ）：梁、黍一类的农
作物。 ④穋（lù）：一种先熟的谷类。

译文————

有一种人，长着鸟嘴，生有翅膀，正在海上捕鱼。

在大荒当中，有个人名叫驩头。鲧的妻子是士敬，士敬的儿子叫炎融，驩头是炎融的儿子。驩头长着人的面孔、鸟的嘴巴，生有翅膀，吃海中的鱼，把翅膀当作支撑在地面行走。也把芑、苣、穋和杨树叶当作食物来吃。有个国家叫驩头国。

该节包括两段文字，实际上说的都是同一个人，即驩头。

驩头国，就是前面《海外南经》所说的"讙头国""讙朱国"，按照之前袁珂的分析，也即"丹朱国"。因此，这位驩头也就是丹朱。我们知道，丹朱是尧帝的儿子，而此处又说驩头是鲧的孙子、炎融的儿子，这就对不上了。对此，袁珂的解释是："盖传闻不同而异辞也。"

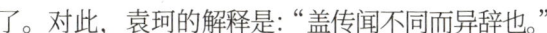

不过，有专家指出，驩头国和讙头国也可能并非同一个国家。

鲧是和尧同时代的强势部落，因为反对舜即位、争夺部落联盟领导权失败而被杀死，他的族裔不得不迁徙到远方，驩头国便是其中的一支。

丹朱也是帝尧部落联盟的重要成员，他和鲧曾经结盟，一起反对舜继任联盟最高领导职位，失败后也迁徙到南方，其后裔便是

《海外南经》所记述的谨头国。

当然，驩头国和谨头国同在南方，原本便是同盟，也可能再次结盟，进而融合，所以其形态相近。

关于驩头国人"杖翼而行"，有一种解释是，该国人驾帆船在海上捕鱼。

从帝尧到天台山：
帝尧 帝喾 帝舜 文贝 离朱
延维 视肉

帝尧、帝喾、帝舜葬于岳山。爰有文贝、离俞、鸱久、鹰、延维、视肉、熊、罴、虎、豹；朱木，赤枝、青华、玄实。有申山者。

大荒之中，有山名曰天台，海水南入焉。

帝尧、帝喾、帝舜都被埋葬在岳山。这里有花斑贝、离朱鸟、猫头鹰、老鹰、乌鸦、两头蛇、视肉、狗熊、人熊、老虎、豹子；还有朱木树，它有红色的枝干、青色的花朵、黑色的果实。有座山叫申山。

在大荒当中，有座山叫天台，海水从山的南面流进来。

关于帝尧、帝喾和帝舜的关系我们应该都知道，帝尧是帝喾的儿子，是帝舜的岳父，三人曾先后担任部落联盟的大酋长。在这里，帝喾和帝舜就不能是同一个人了。

在古籍中，关于帝尧、帝喾和帝舜三人所葬的位置五花八门。

据《吕氏春秋·安死篇》记载："尧葬谷林。"高诱注："尧葬成阳，此云谷林，成阳山下有谷林也。"

据《海外南经》记载："狄山，帝尧葬于阳，帝喾葬于阴。爰有熊、罴、文虎、蜼、豹、离朱、视肉。吁咽、文王皆葬其所。一曰汤山。"

据《归德府志》记载："帝喾陵，在归德府城南高辛里。帝所都之地。帝尝都亳，故葬此。有宋太祖开宝元年，诏祀帝王陵寝碑可考。《皇览》清丰县、滑县、合阳县又俱有帝喾陵，皆所传之误也。"

据《史记·五帝本纪》记载舜："南巡狩崩于苍梧之野，葬于江南九疑（九嶷）。"

据《墨子》记载："尧北教乎八狄，道死，葬蛩山之阴。"

此类的记载不胜枚举，我们就不一一列举了，后人看到这些记载都眼花缭乱，纷纷将各处记载合并归类。比如郭璞就认为此处经文中所说的岳山就是《海外南经》中的狄山，而毕沅又指出经文所说的狄山是"狄中之山"，帝尧所葬具体位置应该是狄人所居住区域的蚩山。

可是，不管大家怎样合并同类项，都无法把所有的葬地都合并到一处。比如，我们可以看到，《墨子》说"尧北教乎八狄"，葬地在北方，而经文中所说的狄山显然是在南方。那么，应该如何来看待古帝陵墓遍天下这件事呢？

事实上，说白了很简单，无非其中有一些是真的墓葬之地，而有一些则是祠堂或衣冠冢。中国自古便有祖先崇拜的传统，祭古崇古之风盛行，古帝后裔可能会迁徙到不同的地方居住，他们所到之处必然会建立各种类似的祠堂或衣冠冢。

经文中所说的岳山，便是一个供奉帝尧、帝喾和帝舜的祠堂。"爰有"后面所罗列的如文贝、离俞（离朱鸟）、鸱久、鹰、延维、视肉、熊、罴、虎、豹，都是祠堂陈列的供品，其中包括实物或塑像、壁画。其中的"朱木"则应该是一种具有巫术象征的道具，比如寓意灵魂不死、提供灵魂升天的通道（天梯）。

羲和浴日：
羲和国 羲和 帝俊 十日

东海之外，甘水之间，有羲和之国。有女子名曰羲和，方浴日于甘渊。羲和者，帝俊之妻，是生十日。

在东海以外，甘水的中间，有一个国家叫羲和国。那里有个

女子叫羲和，正在甘渊中给太阳洗澡。羲和是帝俊的妻子，生了十个太阳。

羲和浴日神话是帝俊神话中极为重要的组成部分，它最早出现于《山海经·大荒南经》中，原文记录比较简略，后人把这个故事进行了扩展。

太阳女神羲和生有十个孩子，她的孩子可不是普通人，而是天上的太阳。这些太阳住在东方海外的汤谷，那里有一棵大树，名叫"扶桑"，所以那个地方也叫"扶桑"。这棵大树有几千丈高，十个太阳就住在大树上。他们每天一个，轮流在天空值班。早上，不论哪个太阳值班，都由他们的妈妈羲和驾车伴送。这辆车子十分壮观，由六条龙拉着。

从起点汤谷到终点蒙谷，共有十六个站，正好一天的路程。车到第十四站悲泉，太阳就得下车步行，因为妈妈羲和得驾着空车赶回汤谷，为伴送第二天值班的孩子做准备。

每天早上，值班的太阳在离开扶桑，登上龙车之前，一定先要在咸池里洗一个澡。羲和还常常带着孩子们在东海外的甘渊一块洗澡。甘渊的水，十分甘美，羲和在甘渊把孩子们一个个都洗得干干净净，明明亮亮。

就这样，日复一日，年复一年，羲和与十个孩子严格按时度过每一个白昼，给

人间送去温暖。

在这个故事中，羲和以太阳之母的形象出现，塑造了一个善良、慈爱、自制、没有个人生活和需求的伟大的中国母亲形象。这反映了该神话产生的时代背景，中国正处于母系氏族时期，神话是氏族社会母权时代的产物，表现出一定的女性崇拜。

可惜的是，后来事情出现了变化，太阳兄弟不听从母命，"十日并出，焦禾稼，杀草木"，这才有了羿射九日的神话。这个故事后面会详细讲到，现在我们需要讨论的是，为什么会出现关于"十日"的神话，难道上古的天空真的同时出现过许多太阳？现在科学表明，历史上还真的有可能出现过多"日"同辉的景象。

羲和浴日

　　2008年2月，在中国陕西省黄陵县上空出现了"多日同辉"的奇观。上午，当太阳渐渐升起时，太阳两侧和上方出现了两三团明亮的光晕，由一道彩虹相连，包围着太阳，宛如天空中有三四个"太阳"。这种现象一直持续到10点左右，随着太阳升高才陆续消失。

　　而在此两年之前，中国的大庆市也曾出现过类似的景象。那天清晨，在冉冉升起的太阳两侧同时出现了两个"小太阳"，大太阳光环正上方有一道淡淡的彩虹。而在头顶上空，还有一道色彩鲜亮的彩虹，它的旁边也有一个"小太阳"。这样看上去天上好像同时出现了四个太阳。由于观测角度的差异，有的人看到的是"二日同辉""三日同辉"，只有部分居民看到了"四日同辉"的奇观。这个奇特的景观持续了大约1小时50分钟，直到上午9点左右才渐渐消失，大庆市区正南方晴朗的天空才逐渐恢复正常。

　　这种壮观景象的成因是什么呢？它的出现是否遵循着某种规律呢？

　　这种景观只有在特定的气候环境或气象条件下才会形成。气象专家解释说，这种现象在气象学中被称为"假日现象"。当气温比较低的时候，空气中水汽充足，水汽在云层中凝结成冰晶，阳光透过冰晶产生折射，会分解成红、黄、绿、紫等多种颜色，从而会出现人们所看到的彩虹。同时，从冰晶中射出来的多条光线会射到人的眼睛中，中间那条太阳光线，是由中间位置的太阳直接射来的，是真正的太阳；而其他光线，则是太阳光经过六角形晶柱折射而来的。这样，人们就看到了多个太阳，其实一般情况下，只有中间那个才是真正的太阳，而两旁的则是太阳的虚像。

　　"假日"的种类很多，有的呈环形，称为圆晕；有的则呈光斑状。这种天文现象看上去虽然比较奇特，但实际上却是一种虽不常见，但很正常的气象现象。

从盖犹山到南类山：
青马 三骓 视肉 菌人

　　有盖犹之山者，其上有甘柤，枝干皆赤，黄叶，白华，黑实。东又有甘华，枝干皆赤，黄叶。有青马。有赤马，名曰三骓。有视肉。

　　有小人，名曰菌人。

　　有南类之山。爰有遗玉、青马、三骓、视肉、甘华。百谷所在。

　　有座山叫盖犹山，山上有甘柤树，它的枝杈和树干全是红色的，叶子是黄色的，花朵是白色的，果实是黑色的。在山的东面还有甘华树，它的枝杈和树干全是红色的，叶子黄色的。山上还有青马。还有一种红马，名叫三骓。还有视肉。

　　有一种十分矮小的人，名字叫菌人。

有座山叫南类山，这里有遗玉、青马、三骓、视肉、甘华树，是各种农作物生长的地方。

在《山海经》中，视肉几乎随处可见，凡是山水名胜之地和古代著名帝王的墓葬附近，总有这种奇怪的东西。那么，它到底是一种什么东西呢？郭璞有一条注对此进行了解释："聚肉，形如牛肝，有两目也；食之无尽，寻复更生如故。"

根据郭璞的解释，我们才知道，视肉原来是一种生物，这种生物四肢百骸都没有，只是一堆净肉，形状有点像牛肝，但是当中长了一对小眼睛。这种怪东西被人们认为是理想的最美妙的食品，因为它的肉总是吃不完，吃了一块，又长出一块，吃到最后还是原来的样子。

在《山海经》之后的古籍中，也有许多类似于视肉的记载，如《神异经》中说："西北荒中有遗酒，追复脯焉，其味如麂，食一片复一片。"又如，《新唐书》中说："其畜有稍割牛，黑色，角细，长四尺许，十日一割，不然困且死。"

此外，在宋人一部笔记小说中，也有关于视肉的故事，十分有趣。

话说，北宋开国元勋赵彦徽本与赵匡胤兄弟相称，杯酒释兵权之后，军职被罢免，改任晋原节度使。为表忠心，他不理政事，整日纵情山水、饮酒作乐，甘心做一个"富家翁"。

赵彦徽在驻地修建了一个豪华的宅院，取名为雪香园。但奇怪的是，这雪香园自建成后，便有一小院整日闭锁，从不让人踏入半步。有人说，此院屋中常有鬼怪出没。可是，新修之宅，哪来的鬼怪？故而信者不多。有一门隶，以胆大著称，夜间趁人不备，潜入

院中探查。

进院后，他发现各室皆空，徒有四壁，只有主屋内有一瓷盆，大如象臀，内装清水，有一块白肉浸泡其中。门隶取出闻了闻，并无气味。正想放回去，那肉突然如待宰活鱼一般，上下扭动。门隶大惊，白肉脱手，掉到地上，遍寻不见。门隶回去把这件事告诉了妻子，后渐渐传入了主人耳中，门隶就被主人借口其他事情杀了。

门隶的子孙后入王氏府上为隶，在一次宴会上，王氏子弟听闻席间有好搜集鬼怪之事者，便将此事讲了出来。

众人听闻都认为这事是假的，只有一老秀才识得，那物便是《山海经》所云"视肉"。

此外，关于视肉的传说还有很多，但后来人们普遍相信，《山海经》中所说的视肉，就是民间常说的"在太岁头上动土"的"太岁"。

唐代《酉阳杂俎》一书记载：有个叫王丰的人，"于太岁头上掘坑，见一肉块，大如牛，蠕蠕而动，遂填，其肉随填而长。丰惧，弃之，经宿，长塞于庭。丰兄弟奴婢数日内悉暴卒，唯一女存焉"。

《广异记》中也说：有个叫晁良贞的人，胆子很大，不怕鬼怪，每年都要在"太岁"头上挖土，有一次挖出肉块，用鞭子打了几百下，就扔到大路上了。当夜有人看见有些神人骑马坐车来慰问那肉块，并问："太岁兄，你为什么受他辱打而不报仇呢？"太岁回答："那人血气方刚，我也没办法。"天明后"太岁"就不见了。

又有人说，太岁（即视肉）又叫肉灵芝，是一种比人参还要珍贵的药物。李时珍《本草纲目》记载："肉芝状如肉。附于大石，头尾具有，乃生物也。赤者如珊瑚，白者如截肪，黑者如泽漆，青者如翠羽，黄者如紫金，皆光明洞彻如坚冰也。"并把它收入"菜"部"芝"类，可食用、入药，奉为"本经上品"，功效为"久食，轻身不老，延年神仙"。

视肉

不过，现代科学家则认为，太岁是一种大型黏菌复合体，但其细胞结构如何，为何聚成如此规则形态，以及它的医药价值如何仍然是个谜。

大荒西经

从不周山到淑士国：
黄兽 淑士国 颛顼

西北海之外，大荒之隅，有山而不合，名曰不周负子，有两黄
兽守之。有水曰寒暑之水。水西有湿山，水东有幕山。有禹攻共工
国山。

有国名曰淑士，颛顼之子。

在西北海以外，大荒的一个角落，有座山不能合拢，叫不周
负子山，有两头黄色的野兽守护着它。有一条水流名叫寒暑水。
寒暑水的西面有座山叫湿山，寒暑水的东面有座山叫幕山。还有
一座山叫禹攻共工国山。

有个国家名叫淑士国，这里的人是颛顼的后裔。

据神话学家袁珂考证，这里的不周负子山就是传说中的不周
山，"负子"两字是衍文，原文中应该是没有的。不，表否定；周，
周全，完整。不周山，就是不完整的山。最初，不周山并不叫这个
名字，它原本是一根撑天的柱子，因为被水神共工撞断，变得不完
整了，所以就叫不周了。

"共工氏怒触不周山"这个故事很多人都听说过，但是对于
共工为什么要撞不周山，其实有不同的说法。有的书上说是水神
共工与火神祝融打架，打输了气不顺便一头撞向不周山，事情原

委大体如下。

祝融因为教会人类使用火，备受人们崇拜。但水神共工看不过眼，他心想世间万物都离不开水，为什么人类只崇拜祝融，却不崇拜自己？他越想越气，于是便集四湖五海之水冲向昆仑山，把昆仑山上的圣火浇灭了，全世界顿时漆黑一片。祝融得知此事非常愤怒，便骑上火龙，与共工大战起来，水始终是往低处流，洪水从昆仑山上落下来，祝融乘机发起进攻，把共工烧得焦头烂额。共工输了之后非常气恼，于是便一头撞向昆仑山旁边的不周山，谁知不周山是天柱，天柱被撞断了，天塌了下来，给世间万物带来了灾难。

事实上，以上观点在《山海经》中是站不住脚的。《山海经·海内经》有云："炎帝之妻，赤水之子听訞生炎居。炎居生节并，节并生戏器，戏器生祝融。祝融降处于江水，生共工。"大家看明白了吧，共工是祝融的儿子，怎么可能因为嫉妒父亲而和他开战呢？共工撞不周山，其实与代行神权的颛顼有关。

从前面的文字中，我们知道，水神共工是炎帝的后代火神的儿子，他长着人的脸、蛇的身子、红色的头发。当时，陆地占了整个地球的十分之三，水域则占了十分之七，共工就负责掌管海洋、江湖等十分之七的水域。在黄帝和炎帝的那次大战中，共工曾用水来帮助他的祖上炎帝作战。

颛顼接管宇宙统治权之后，曾经有许多的暴政，他先是隔断

天地的通道，令陆地上的百姓再也无法将民间疾苦诉讼到天神那里，百姓自然是苦不堪言。后来，他又利用强权压制其他派系的天神，故意找出一些理由惩罚他看不惯的天神。此外，他还将原本不停运转的太阳、月亮和星星都牢牢地拴在天空的北边，固定在北方上空。这样一来，原先他管理的北方三十六国永远光辉灿烂，相反的，东、南、西方各国就永远陷入漆黑。百姓们为此怨声载道，但又都无可奈何。

共工，这个在炎黄之战中失败的炎帝后代，自然也是被压迫者。这次，他再也受不了颛顼的肆意压迫了。他勇敢地站了出来，决心要讨个公道。

可是，一意孤行的颛顼根本听不进任何意见，反而怪共工多事，而且对共工敢于挑战天帝的权威感到不满。于是，共工便暗中联络天上同受压迫的众神，以自己为盟主，统领着炎帝的残部想推翻颛顼的统治。

战争爆发了。颛顼一点都不惊慌，他一面点燃七十二座烽火台，召集四方诸侯疾速支援，一面点齐护卫兵马，亲自挂帅，前去迎战。

一场激烈而残酷的战斗即将展开。两股人马从天上厮杀到凡界，再从凡界厮杀到天上，几个来回后，颛顼的部队越来越多，很多拥护他的神都过来帮忙，而共工的人马却越来越少。

战争越打越激烈，他们一路打到了不周山。双方在不周山脚下打得难解难分，不分胜负。

共工掀起狂波恶浪，用水去攻击颛顼，颛顼则放出熊熊神火去烧共工。最后，共工敌不过颛顼，他的一名大将被当场烧死，另外一名勇士被烧得焦头烂额，拼死冲出火围，忍痛逃到淮水并一头扎进水里，但最终还是因为伤势过重死去了。共工的儿子本来就不善于打仗，也没有多大本事，所以在这场战争中被乱刀砍死了。

就这样，共工的大部分人马死的死，伤的伤。完全没有料到会落得如此下场的共工十分悲愤。面对着不周山，他见大势已去，不由得又怒又恼。

这不周山高大得快要遮住半边天了。愤怒的共工驾起飞龙，来到半空，猛地一下撞向山顶。就在那一瞬间，出现一声震天巨响，只见山被共工猛然一撞，立即拦腰折断，整个山体轰隆隆崩塌下来。

不周山这一倒，让整个宇宙都发生了一场大的变动。原来，这不周山是西方撑天的一根柱子，很可能就是女娲时代用来撑天的鳌足变化而来的。

撑天柱一倒，西北方的天失去支撑，倾斜下来，天空中的太阳、月亮、星辰都站不住脚，不由自主地向西移动，成了我们今天所见的日转星移。

不周山倒下还引发了强烈的地震，使大地的东南部分沉陷下去。从此，大川小河的水便总是日夜不息地向东方流去，成了我们今天所见的海洋。

从此以后，日月星辰每天从东方升起，向西方落下，日日如此。天气分成春、夏、秋、冬，依着顺序循环不已。江、湖中的水急急忙忙地奔向东方，大海则敞开胸怀，容纳百川汇集而来的水流，世界变得又奇妙又生动。

客观来讲，虽然共工向颛顼发起挑战，是以人民的名义反对暴政，但归根结底这场仗仍然是黄帝和炎帝战争的余波，是继蚩尤和刑天之后的又一次为炎帝复仇，和前两次一样，这次也失败了，但共工的行为却得到了人们的尊敬。在他死后，人们奉他为水师（司水利之神），他的孩子后土也被人们奉为社神（即土地神）。

女娲之肠：神十人 女娲

有神十人，名曰女娲之肠，化为神，处栗广之野，横道而处。

有十位神，名叫女娲肠，就是女娲的肠子变化成的神，在叫作栗广的原野上，他们拦断道路而居住。

很多书上介绍说，女娲造人和女娲补天的传说出自《山海经》，这其实是错误的。整部《山海经》关于女娲的记录就只有上面这二十二个字，但就是这短短一句话，却给了我们无尽的想象空间。

女娲娘娘的一截肠就能化为十个神，这就足以说明她拥有创世神的威能，那么造人、补天自然是不在话下了。

事情还得从头说起。自盘古开辟天地之后，又用身躯造出了日月星辰、山川草木、风雨雷电，那残留在天地间的浊气慢慢化作虫鱼鸟兽，为这死寂的世界增添了生气。

这时，有一位叫女娲的女神，也慢慢地苏醒过来。她行走在茫茫的原野上，放眼四望：树木茂盛，山岭连绵起伏，江河都向大海奔流而去。天空中飞翔着各种各样的小鸟，水中的鱼儿争相嬉戏……

尽管眼前的世界已经相当美丽了，可女神还是感到有一种说不出的孤寂感。这种感觉越来越强烈，就连她自己也弄不清楚是为什么。

女神想和山川中的草木倾诉一下心中的烦躁，可山川草木根本不懂她的话；对虫鱼鸟兽倾吐心事，虫鱼鸟兽也不能了解她的苦恼。

女娲颓然地坐在一个池塘旁边，茫然地对着池塘中自己的影子。忽然一片树叶飘落池中，静止的池水泛起了小小的涟漪，使她的影子也微微晃动起来。

突然，她觉得心头的死结解开了。是呀！为什么她会有那种说不出的孤寂感？原来是因为世界上缺少一种像她一样的生物。

想到这儿，她马上用手在池边挖了些泥土，往里加了点水，照着自己的影子捏了起来。她感到好高兴。

捏着捏着，她就捏成了一个小小的东西，模样与女娲自己差不多，也有五官七窍，双手两脚。也许是由于出自神灵之手，说来也很奇异，当女娲把这个泥娃娃往地面上一放，这个小东西就有了生

命。眼睛睁开了，嘴巴张开了，手舞足蹈，活蹦乱跳。

女娲一见这情景，满心欢喜，接着又捏了许多，并把这些小东西叫"人"。

人的身体虽然很小，却是天神女娲亲手创造的，因此天生就具有一种与众不同的能力和气度。他们的智慧在飞禽走兽之上，而且还能管治它们。

这些可爱的小人围绕在自己母亲的身边，跳跃欢呼，表达着对女娲赋予他们生命的敬爱和感激。然后，他们就或单独、或成群地散开了，分布到广阔无垠的原野的各个地方。

女娲寂寞的心一下子热乎起来，她想把世界变得热热闹闹的，让世界到处都有她亲手造出来的人。于是她不停地工作，捏了一个又一个。但是，世界太大了，她工作了很久，双手都捏得麻木了，捏出的小人分布在大地上仍然太稀少。

她想这样下去不行，就顺手从附近折下一条藤蔓，伸入泥潭，沾上深黄的泥浆向地上挥洒。结果泥浆溅落的地方，也都变成一个个活蹦乱跳的人，与用手捏成的模样相似。这样一来，地上的人越来越多，最终变得熙熙攘攘起来，大地上生机勃勃，再也没有往日的空旷寂寞。

女娲心里的寂寞感一扫而空。她觉得很累，想要休息一下，就四处走走，看看那些人生活得怎样。

一天，她走到一处，见人烟稀少，十分奇怪，俯身仔细察看，见地上躺着不少小人，动也不动，她用手拨弄，也不见动静，原来这是她最初造出来的小人，这时已头发雪白，好多已经死亡了。

女娲见了这种情形，心中暗暗着急，她想到自己辛辛苦苦造人，人却不断衰老死亡。这样下去，若要使世界上一直有人，岂不是要永远不停地制造？这总不是办法啊！

女娲深思了很久，终于想到了办法。她让人类男女相配，来生育后代，担负抚育婴儿的责任，一代一代地绵延。从此，人类就在这片土地上生活繁衍，生生不息。

人类被创造出来以后，许多年过去了，他们一直过着快乐幸福的生活。

然而，一天夜里，女娲突然被一阵"轰隆隆"的巨大响声震醒了。她急忙爬起来，跑到外面一看，天哪，太可怕了！远处的天空塌下一大块，露出一个黑黑的大窟窿，巨大的火球从那里砸下来，把地都砸裂了，露出幽深的沟谷。山冈上燃烧起了熊熊大火，地上被洪水及天河里的水淹没，很多人被火困在山顶，还有一些在水里挣扎。各种野兽怪物纷纷窜出来危害人间，夺走人类的生命。人类陷入前所未有的悲惨遭遇中。

看见自己创造出来的孩子们陷入巨大的灾难中，女娲难过极了。她立刻去找雨神，求他下一场大雨，把天火熄灭，接着又造了一艘大船，救出在洪水中挣扎的人们。

不久，天火熄灭了，洪水中的人们被救上来了。可是，天上的大窟窿还在喷火。

这可怎么办呢？

勇敢的女娲决定冒着生命危险，练就五彩石来把天上的窟窿补上。于是她周游四海，遍涉群山，最后选择了东海之外的海上仙山——天台山。

天台山是东海上五座仙山之一，五座仙山分别由神鳌用背驮着，以防沉入海底。只有天台山才出产炼石用的五色土，是提炼补天石最好的地方。

很快，女娲就在天台山顶用巨石堆成炉子，取五色土做原料，又借来太阳神火，用了九天九夜，终于练就了整整三千六百五十一块五色巨石。然后，她又用了九天九夜，用三千六百五十块五彩石将天补好了，剩下的一块就留在了天台山汤谷的山顶上。

女娲

接下来，女娲又用神火炼石烧出的碎渣阻塞了横流的洪水，大地也因此恢复了原貌。

天上的漏洞和地上的窟窿虽然补好了，可是由于失去了原来的四根天柱，天空变得有些摇摇晃晃，时时都有再次倾塌的危险。

女娲苦思冥想，终于想到了一个好办法。她把背负天台山的神鳌的四只脚砍了下来，竖在大地的四方，把天空重新支撑起来。天地这才恢复了以前的稳定状态。

可是，天台山没有了神鳌的负载，就会沉入海底。于是，女娲便将天台山移到了东海之滨的琅琊。

在修补好天空后，女娲又走下凡间，杀死了各种危害人间的恶禽猛兽。这下子，所有的灾难都平息了。

女娲保护了天地，拯救了自己创造的人类，这时她感觉到了前所未有的疲惫，抹一抹像瀑布一样的汗水，然后就躺倒在青山绿水间，身体随之化为了万物，其中她的肠子便化作了十名神人。从某种角度来说，这十个神人应该算作是女娲娘娘的孩子，他们代替女娲管理人类。这十个神人的名字虽然书上没有记录，但如果从后面事情的发展来看，黄帝和炎帝或许便在其中。

当然，许多人不希望女娲娘娘就这样死去，于是便有了另外的结局。

睡了很久很久，女娲终于睡醒了。她用手揉了揉眼睛，自言自语道："人类应该不会再有麻烦了吧，我也该回去了。"

于是，女娲招来雷车，驾着巨龙，带着她的大护法白矖和二护法腾蛇，一起登上了九重天。

高尔基说："一般来说，神话乃是自然现象，对自然的斗争，以及社会生活在广大的艺术概括中的反映。"有学者从这个角度研究，发现"女娲补天"极有可能就是一次陨石雨降落的自然灾害。

地质学家经过考察后认为，我国白洋淀地区的地理面貌就是由于远古时代一次陨石雨降落而形成，大约发生在4000年前。

根据现场考察，当时的情景可能是：一颗彗星进入地球轨道，在山西北部的上空冲入大气层并在高空爆炸，瞬间形成规模宏大的陨石雨，降落在从晋北到冀中这一广大地区。陨石雨降落，致使地面形成大大小小的撞击坑，后经过雨水的冲刷、河水的流淌，以及人们的改造，逐渐形成了今天白洋淀的地理面貌。

地质学家对陨石雨降落地球的场景推测与《淮南子》中记载"女娲补天"的情形相似度达到90%。

《淮南子》对女娲补天的神话是这样描述的："往古之时，四极废，九州裂，天不兼覆，地不周载，火滥炎而不灭，水浩洋而不息，猛兽食颛民，鸷鸟攫老弱。于是，女娲炼五色石以补苍天，断鳌足以立四极，杀黑龙以济冀州，积芦灰以止淫水。苍天补，四极正；淫水涸，冀州平；狡虫死，颛民生；背方州，抱圆天。"

经过对比，结果一目了然。

（1）四极废，九州裂，天不兼复，地不周载：描绘小型天体爆炸后形成的大规模陨石雨降落的情景。

（2）火滥炎而不灭：小型天体爆炸后在地面上引起的火灾。

（3）水浩洋而不息：假设小型天体是彗星，而彗星成分主要是陨冰。陨冰融化后形成大量的地表水，即出现此结果。

（4）杀黑龙以济冀州，积芦灰以止淫水。苍天补，四极正；淫水涸，冀州平；狡虫死，颛民生：神话传说编撰于东汉年间，当时，冀州是古代河北省一带，也就是说这一段描述了灾害平息之后河北平原的景象。

从石夷到长胫国：
石夷 狂鸟 白民国 长胫国

有人名曰石夷^①，来风曰韦，处西北隅以司日月之长短。

有五采之鸟，有冠，名曰狂鸟。

有大泽之长山，有白民之国。

西北海之外，赤水之东，有长胫之国。

①有人名曰石夷：后脱"西方曰夷"四字，原文当为"有人名曰石夷——西方曰夷，来风曰韦——处西北隅以司日月之长短"。

有位神人名叫石夷，西方的人叫他夷，从西方吹来的风叫韦，石夷住在大地的西北角，掌管着太阳和月亮升起落下的时间长短。

有一种长着五彩羽毛的鸟，它的头上有冠，这种鸟名叫狂鸟。

有座山叫大泽长山，那里有

狂鸟

个国家叫白民国。

在西北海之外，赤水的东面，有个国家叫长胫国。

我们前文讲过，《山海经》中记有四方神和四方风，而石夷便是西方的神，韦则是来自西方的风。从现实的角度来考虑，石夷其实是一名天文学家，他位于西方，通过观测日月升落的时间长短来判断季节变化。

在《尚书·尧典》中记有帝尧时期设置的天文机构，其总管名为羲和，其下属有四名副官分别叫作羲仲、羲叔、和仲与和叔。这四名官员被分别派到东、南、西、北四个方向，负责观测四季之星——鸟、火、虚、昴，以预测节气颁布时令，进而

指导百姓的农业生产与生活。其中也称东春之民为"析"、南夏之民为"因"、西秋之民为"夷"、北冬之民为"隩"，这显然与《山海经》所记"东方神折丹""南方神因因乎""西方神石夷""北方神鹓"为同一体系，二者可以对应研究。

关于"狂鸟"，郭璞注："《尔雅》云：'狂，梦鸟。'即此也。"袁珂按："狂，《玉篇》鵟，疑即凤凰之属：所谓狂者凰也，梦者凤也。"由此可知，作为五彩鸟的狂鸟就是前文中所说的凤凰。

白民国和长胫国前几册都有阐释，在此不做展开。

叔均播百谷：
西周国 叔均 帝俊 后稷
台玺 赤国妻氏

有西周之国，姬姓，食谷。有人方耕，名曰叔均。帝俊生后稷，稷降以百谷。稷之弟曰台玺，生叔均。叔均是代其父及稷播百谷，始作耕。有赤国妻氏。有双山。

 **译文**

有个国家叫西周国，国民都姓姬，以各种农作物为食。有个人正在耕田，名叫叔均。后稷是帝俊的儿子，他把各种农作物的种子带到人间。后稷的弟弟叫台玺，叔均是台玺的儿子。叔均代替父亲和后稷播种各种农作物，创造了耕田的方法。还有个赤国妻氏。还有座山叫双山。

叔均

在《山海经》中，有许多奇奇怪怪的国家，这些国家在正史中有记载的可以说是凤毛麟角，而西周便是凤毛麟角中的一个。历史告诉我们，商朝延续了500多年之后终于毁在了商纣王的手中，而打败他的就是周武王。武王灭了商，建立了西周，那么这个周民族是从哪里来的呢？我们还是从头说起吧。

据说，周民族的始祖叫后稷。关于这位后稷的身世，我们前面曾经讲过，这里只做简单叙述：后稷的母亲姜嫄是有邰氏的女子，同时也是帝喾的正妃。有一次她到郊外游玩，踩在一个神秘的大脚印上，于是便有了身孕，生下了后稷。姜嫄对这个莫名其妙得来的儿子很害怕，几次要丢弃他，结果都没有成功，于是认定是天意，最终又抱回去抚养。因为曾经想要把他丢弃，所以后稷的小名就叫"弃"。

姜嫄

后稷长大以后非常善于种植庄稼，尧听说后就聘请他做了农师，指导全国人民从事农业生产。到了舜的时代，为了表彰后稷的贡献，就把邰这个地方封给了他。从此，稷的后代子孙便成了这里的王，一直到周文王姬昌。

到周文王姬昌的时候，商朝已经传到了商纣王的手中。这个家伙是历史上有名的暴君，他干的坏事数也数不清，比夏桀可以说是有过之而无不及。纣王除了终日沉湎酒色，还穷兵黩武，对百姓实行酷刑重税，他只喜欢听阿谀奉承的话，对那些惯于拍马屁的小人给予赏赐，而对那些直言进谏的忠臣却手段残忍。比干是纣王的叔叔，对这个荒唐的侄子实在看不过眼，劝他几句，就被他挖了心；梅伯是商朝的司徒，也是一位直臣，对纣王进行劝谏，结果被剁成了肉泥；纣王的另一个叔叔箕子见到这种情形，便只得装疯卖傻，才保全了性命。

周文王姬昌听说这些事情后，不过暗中叹息了几声，竟被一个叫崇侯虎的奸臣告发，被纣王抓了起来，关进了羑里。羑里是商朝最大的监狱。当时，周文王的大儿子伯邑考正在商朝做人质，替纣王驾车。纣王不管这个年轻人有没有罪，直接让人把他剁成肉酱，做熟了给文王吃。后来，周文王的臣子太颠、散宜生等人不断运作，给纣王送去大量珠宝和美女，才把文王救出来。

周文王回去后，立志要推翻纣王的残暴统治，他在养兵蓄锐的同时，一边联络诸侯，一边广纳贤才，终于得到了太公望，拜为国师。太公望，原本姓姜，就是我们熟悉的姜子牙姜太公。可惜，经过羑里的折磨，周文王的身体一直不太好，还没等到起兵伐纣就去世了。他的儿子姬发继承王位，就是著名的周武王了。

周武王继位后，伐纣的时机已经成熟，但由于周文王刚刚去世，朝中便有人建议将伐纣时间往后推，这种观点的代表便是周武王的弟弟周公旦。然而，周武王却在姜太公的支持下，力排众议，抬着周文王的神主牌位，率领各路诸侯向商朝的都城朝歌进发。结果我们都知道了，在牧野之战中商朝大败，武王率兵攻入朝歌，纣王把他那些珠宝聚在一起，点了一把火，然后自己跳进去烧死了。

　　商朝结束，周朝的时代开启。周武王死后，他的子孙们便一代代统治这个国家，其中既有明君，但也不乏昏君。比如周昭王，就喜欢整日游玩，他听说南方的越棠国准备进贡几只白色野鸡，但因为路途遥远，总也等不来，于是他就带着一帮随从浩浩荡荡地前去迎接，结果给沿途的楚国百姓带来很大困扰。楚国人恨这帮家伙，知道他们返程时要过汉江，就在船上动了手脚，结果船行到江心就裂开了，周昭王及其随从就这样被淹死了。

　　周昭王死后，他的儿子满即位，就是周穆王。结果，这位天子比他父亲还喜欢游玩，古书《穆天子传》就是记录这家伙的游玩经历的。周穆王有八匹骏马，他整天让他的马夫造父驾着马车带他四处游荡，足迹遍布天下，据说他还到过西王母国，见过传说中的西王母呢。

　　当然，与后来的周幽王相比，这两位周天子还只是贪玩而已，不算太过分。周幽王是周宣王的儿子，他有一个妃子叫褒姒（bāo sì）。褒姒生得如花似玉，周幽王十分宠爱她。

　　民间都传说这个来历不明的褒姒是上天派来灭亡周朝的。传说夏王朝开始没落的时候，有两条巨龙在宫廷内不肯离去，自称是褒国的两位天子。国王不知道如何是好，只好派人去占卜。占卜的结果显示，这两条龙既不能杀也不能赶走，要想方设法收集到它们的唾液。于是国王派人摆上祭品，诚心祈祷，最后神龙吐下唾液飞走了，人们赶紧找了一个精致的盒子把这些唾液收藏起来。

　　夏朝灭亡后，这个盒子传到了商朝，而后又传到了周朝，历代的国王都不敢打开它，直到周厉王末年，周厉王禁不住诱惑，打开了盒子。这一看就闯了大祸，龙的唾液流了出来，变成了一条黑色的蜥蜴。厉王很害怕，于是派宫女们趴在地上大声叫嚷吓唬这条蜥蜴，后来它爬向了后宫，被一个小婢女碰到了，这个小婢女长大后没有嫁人就怀孕了，并且生下了一个女孩，因怕别人笑话，就把孩子扔掉了。

一对夫妇看到了这个孩子，看她哭得可怜，就收养了她，并且把她带到了褒国，取名褒姒。长大后的褒姒出落得亭亭玉立，十分漂亮。后来褒国人犯了罪，为了免除处罚，就把褒姒献给了周幽王。

周幽王看到褒姒的第一眼就非常喜欢，马上就把她立为妃子，后来褒姒给他生了一个儿子叫伯服。周幽王十分偏爱褒姒和伯服，经常赏赐给他们很多好东西。但是就算这样他还觉得不够，最后他不顾大臣们的反对，废掉了原来的申王后和太子宜臼（jiù），改立褒姒为王后，伯服为太子。

虽然褒姒在宫中生活得衣食无忧，要风得风，要雨得雨，但是她看起来总是不快乐。周幽王对她说："爱妃，你有什么不满意的地方吗？如果你有什么想要的，一定要告诉我，我一定竭尽全力满足你的要求。"

"我没有什么不满意的地方啊。"

"那你为什么总是愁容满面，不肯笑一笑呢？我觉得你笑起来一定会更加妩媚。"

"臣妾从小就不喜欢笑，大王不要费心了。"

但是周幽王不死心，仍然千方百计地逗她笑。他在全国发布告示称谁能够让王后开怀大笑，一定重重有赏。这时，一个叫虢（guó）石父的奸臣给周幽王出了一个主意。

这天周幽王带着褒姒锣鼓喧天地来到都城附近的烽火台上，褒姒不知道周幽王要做什么，依旧板着脸。不一会儿，只见远处的烽

火台一处接一处地冒起了烽烟。这烽烟原本是向诸侯告急的信号，看到烽烟升起，各路诸侯连忙调兵遣将，奔到国都。到了国都，眼前的景象却让他们惊呆了，哪里有什么敌军，只有周幽王带着褒姒在寻欢作乐。看到诸侯尴尬的表情，褒姒哈哈大笑，周幽王更是欣喜万分。为了博取褒姒的欢心，烽火戏诸侯的故事又上演了几次，后来诸侯再也不相信周幽王的烽火信号了。

不久犬戎来攻打国都，周幽王赶紧命人点起烽火，可是已经没有人相信这烽火是在传递敌情了。犬戎迅速攻进王宫，在骊山（在今陕西省临潼区境内）杀死了周幽王，活捉了褒姒，把周幽王的财宝瓜分殆（dài）尽。

后来诸侯拥立原来的太子宜臼为天子，就是周平王。周平王把国都往东迁移，历史上把迁都后的周朝叫东周，这也意味着西周灭亡。再后来，东周的王室逐渐衰颓，于是就有了春秋五霸与战国七雄，直到秦始皇统一六国。

周朝的历史大致就是这样，我们再回到《山海经》。根据《山海经》记载，后稷似乎是帝俊所生，而播百谷的则变成了他的侄子叔均，这是怎么回事呢？这其实很好解释，我们曾经说过，帝俊、帝喾都是舜的化身，他们三位其实是一个人三个名字。至于叔均代后稷播百谷，这也没有什么好奇怪的，后稷是始创者，而叔均则是继承和发扬者，两人就是这种关系。

从西海外到北狄国：
先民国 北狄国 黄帝 始均

西海之外，大荒之中，有方山者，上有青树，名曰柜格之松[1]，日月所出入也。

西北海之外，赤水之西，有先民之国，食谷，使四鸟。

有北狄之国。黄帝之孙曰始均，始均生北狄。

①柜（jǔ）格之松：古树名。

在西海之外、大荒之中，有座山叫方山，山上有棵青树，名叫柜格松，太阳和月亮从这里出入。

在西北海之外、赤水的西岸，有个国家叫先民国，这里的人吃各种农作物，能够驱使四种野兽。

北狄国人

有个国家叫北狄国。黄帝的孙子叫始均，始均的后裔便繁衍成为北狄国。

方山是一座很神奇的山，太阳和月亮都从这里出入。《山海经》中所记载的类似的山，要么是"日月所出"，要么是"日月所入"。方山在西方，"日月所入"还可以理解，"日月所出"就有些令人匪夷所思了。不过，《山海经》中的怪事太多了，这也不算什么。

有些学者也尝试给出一个合理的解释，他们认为，方山是一座四方台形的天文观测站，柜格之松是一种天文仪器，即在一棵笔直的松树上横向平行绑上一些木头，这些木头彼此相隔一定的尺寸，观测者通过观测日月升起的高度在第几格的横木上来判断一年的季节变化，最低的横木表示夏至，最高的则表示冬至。这样一来"日月所出入"也就有了合理的解释。另外，持此观点的学者认为，柜格之松就是后世圭表的前身——圭字和表字正是源于柜格松的象形。

关于"先民之国"，郝懿行认为应当是"天民之国"，因为《淮南子·地形训》海外三十六国中有天民，而没有先民，天的古字与"先"相近，所以才导致了错误。不过，也有学者认为，《淮南子》海外三十六国出自《山海经》，反过来用它校订《山海经》未必都能成立。

关于"狄"的本义，王国维在《鬼方昆夷猃狁考》中断定，是"远"与"剔除"的含义，"后乃引申之为驱除之于远方之义"。此处经文所记："有北狄之国。黄帝之孙曰始均，始均生北狄。"说明北狄人可能最早也是从中原迁过去的，或者是被驱逐或流放过去的，和谨头国之类的一样。

也有观点认为，狄就是商代的鬼方。鬼方，应该就是周代的赤狄人，周朝称之为狄，因为北方的非华夏游牧部落都被称为狄，所以又有白狄、长狄。到了秦汉以后，匈奴被称为狄人。之后东胡这些和古北狄毫无关系的族系也被称为狄人。

从芒山到兔形兽：
太子长琴 颛顼 老童 祝融
皇鸟 鸾鸟 凤鸟

有芒山。有桂山。有榣山，其上有人，号曰太子长琴。颛顼生老童，老童生祝融，祝融生太子长琴，是处榣山，始作乐风。

有五采鸟三名：一曰皇鸟，一曰鸾鸟，一曰凤鸟。

有虫^①状如菟^②，胸以后者裸不见，青如猿状。

注释

①虫：指野兽，古代鸟兽都可以称作虫。 ②菟：通"兔"。

译文

有座山叫芒山。有座山叫桂山。有座山叫榣山，山上有一个人，号称太子长琴。老童是颛顼的儿子，祝融是老童的儿子，太子长琴是祝融的儿子，他居住在榣山

太子长琴

上，创造了音乐。

有三种长着彩色羽毛的鸟：一种叫皇鸟，一种叫鸾鸟，一种叫凤鸟。

有一种野兽的形状与兔子相似，胸脯以后全都裸露着，却不见裸露的地方，因为它的皮色青得像猿猴，把裸露的部分遮掩过去了。

太子长琴也是一个神秘的人物，别的古籍中关于他的记载很少，《山海经》也仅此一处，我们先从经文来简单分析一下。

太子长琴

太子，我们现在一般理解为王位继承者、嫡长子，但此处显然另有所指，就如同"不周负子"一样。因为在那个时代，还奉行原始的民主制，就算是子承父业，也没有称为"太子"的。

从长琴的行为来看，也不像是一个王位继承者所应该做的，他住在榣山上，创造了乐风。朱熹在《诗集传》中对"风"的概念及来源做了经典性解说："国者，诸侯所封之域，而风者，民俗歌谣之诗也。谓之风者，以其被上之化以有言，而其言又足以感人，如物因风之动以有声，而其声又足以动物也。是以诸侯采之以贡于天子，天子受之而列于乐官，于以考其俗尚之美恶，而知其政治之得失焉。旧说二南为正风，所以用之闺门乡党邦国而化天下也。"朱熹的解释，上承《毛诗序》，影响后世至今，而太子长琴也就成了中国的乐神。

当然，太子长琴擅长音乐还是有传承的，他的祖父老童就是一位音乐家。据《西次三经》记载："騩山，其上多玉而无石。神耆童居之，其音常如钟磬。其下多积蛇。"郭璞注："耆童，老童，颛顼之子。"由此可知，老童就是那个说话的声音像敲钟击磬一样好听的耆童。

关于五彩鸟，前文已经有详细阐述，在此不再展开。

关于"有虫状如菟"，郝懿行注："菟、兔通。此兽也，谓之虫者，自人及鸟兽之属，通谓之虫，见《大戴礼·易本命篇》。"这种动物经文中没有说它的名字，有学者认为，它应该就是古籍中所说的"㲋"。郝懿行云："此兽即㲋也。《说文》云：'㲋，兽也，似兔，青色而大。'此经云'状如菟'是也。又云如猿者，言其色，其谓状如兔，又似猿也。"

从丰沮玉门到灵山：灵山十巫

大荒之中，有山名曰丰沮玉门，日月所入。

有灵山，巫咸、巫即、巫盼、巫彭、巫姑、巫真、巫礼、巫抵、巫谢、巫罗十巫，从此升降，百药爰在。

在大荒之中，有座山叫丰沮玉门山，太阳和月亮在这

里降落。

有座山叫灵山，有巫
咸、巫即、巫肦、巫彭、巫
姑、巫真、巫礼、巫抵、巫
谢、巫罗十个巫师，从这座
山升到天上和下到世间，各
种药物在这里生长。

灵山十巫

在《山海经》的时代，
巫师是一个很重要的职位，巫师们具有上天庭的本事，是天神与人
间沟通的桥梁。灵山是这些巫师的大本营，他们可以在这里进入天
庭。另外，灵山还是天帝的药山，上面种着各种名贵的药草，巫师
们便采一些来炼制神药。前三册我们曾经讲过开明六巫受黄帝之命
救助冤死窦窳的事件，这里再给大家讲一个关于"灵山十巫"的
传说。

据说，很多很多年前，灵山脚下有一个数千人的部落，这里
的人高矮与常人无异，但双臂极长，可垂到地，因此后世史学家称
之为长臂国，又名长臂氏。长臂国人以长臂为美，然而有一个叫
"伤"的男孩，双臂极短，身体羸弱，因而受到族人的嘲笑，甚至
连他的父兄都瞧不起他。母亲则整日愁眉苦脸，担心他不能久活，
因为在灵山周围，有许多妖物鬼怪，经常袭击长臂国。此外，在灵
山北部还有一个鬼国，那里的人只有一只眼睛，因此又叫一目国。
一目国的人凶狠异常，想要通过天梯到达天庭，所以也时常袭击长
臂国，长臂国人在十巫的庇佑下才不至于被灭族。在灵山西面，还
有一个羽民国，同样时常袭击十巫，想要利用建木上天庭。

在一次战斗中，伤见到十巫的巨大威力，因此发誓要成为一名巫师，不料这个想法却遭到了哥哥腾的无情嘲笑。伤来到建木下请求拜师，果然遭到了拒绝，与此同时，曾经嘲笑他的哥哥腾却成了巫咸的弟子，这让他既羞愧又感到心灰意冷。正当他落寞地准备下山的时候，突然发生了异状，一大群背长双翅的羽人前来

灵巫采药

攻打灵山，想要占领天梯，双方立即展开了激烈的战斗。众巫师用以前的方法，将草叶变成飞箭去射羽人，不料飞箭刚一触及羽人身体，就立即又化成了草叶。情急之下，众巫师只好率领各自的灵兽到空中与羽人进行肉搏，一时难分上下。伤吓得躲在石后，结果被一个羽人发现，捉到半空中向山下丢去。正在这时，天边突然飞来一只五彩斑斓的凤凰，将伤救起之后，又吐火把羽人赶走，然后便向西飞去。

羽人被赶走之后，巫师们却并没有高兴，他们个个神色黯然。因为根据一个古老的预言，凤凰出现，预示着一个新的时代即将到来，老的"十巫"将要被新的"十巫"所取代。与此同时，天下将要遭受一场浩劫。十巫之一的巫盼见伤大难不死，又被凤凰所救，知道他与巫师有缘，于是决定收他为徒，伤很高兴。然而，巫盼却告诉伤，每个巫师都有自己的灵兽，巫师与灵兽生死相依，心灵相

通。他只有下山找到自己的灵兽，才能正式成为巫师，传他法术。于是，伤和哥哥腾准备一起下山，临走时巫朌给了伤一张兽皮图，名为《山海图》，并告诉他，他们的灵兽在最西边的西王母国，于是二人下山后辞别了父母一路向西走去。经过千难万险，伤逐渐发现，原来腾表面对他冷嘲热讽，实际上内心对他非常关爱。在这个过程中，伤不仅找到了自己的灵兽，而且认识了新"十巫"的另外八个人，他们都要去西王母国寻找自己的灵兽，其中有一个女巫叫果灵儿，果灵儿是巫姑的徒弟。

伤和腾走后，建木便如预言中的那样逐渐枯萎了，"十巫"对此却无能为力。与此同时，天下各种灾荒频频出现，东方出现大洪水，西方则出现了旱灾，妖物鬼怪也纷纷出来伤人。伤与众人一起找到自己的灵兽，一起降妖除魔，回到灵山，却发现建木已经枯死了，"十巫"也只剩下巫朌奄奄一息。他告诉新"十巫"，到大荒之东取来天水，方能救活建木。他嘱托巫伤，等他死后，把他们的尸体埋在建木之下做它的肥料。又经历千难万险，新"十巫"终于取回天水，救活了建木。从此，天下恢复了太平，而伤也和其他九巫一起，成了建木新的守护者。

从王母山到三泽水：
沃民国 凤鸟 鸾鸟 三青鸟 昆吾

西有王母之山、壑山、海山。有沃之国①，沃民是处。沃之野，凤鸟之卵是食，甘露是饮。凡其所欲，其味尽存。爰有甘华、甘柤、白柳、视肉、三骓、璇瑰、瑶碧、白木、琅玕、白丹②、青丹，多银、铁。鸾鸟自歌，凤鸟自舞，爰有百兽，相群是处，是谓沃之野。

有三青鸟，赤首黑目，一名曰大鵹^③，一名曰少鵹，一名曰青鸟。

有轩辕之台，射者不敢西乡，畏轩辕之台。

大荒之中，有龙山，日月所入。有三泽水，名曰三淖^④，昆吾之所食也。

①沃之国：脱"民"字，当为"沃民之国"。 ②白丹：一种可制作白色染料的自然矿物。 ③鵹（lí）：古鸟名。 ④淖（nào）：烂泥，泥沼。

有西王母山、壑山、海山。有个国家叫沃民国，沃民便居住在这里。生活在沃野的人，以凤鸟的蛋为食，喝的是天降的甘露。凡是他们心里想要的美味，在这里都有。这里还有甘华树、甘柤树、白柳树、视肉、三骓马、璇瑰玉石、瑶碧玉石、白木树、琅玕树、白丹、青丹，盛产银和铁。鸾鸟自由自在地歌

沃民国人

113

唱，凤鸟自由自在地舞蹈，这里还有各种野兽，它们群居相处，所以称为沃野。

有三只青色的鸟，它们有红色的脑袋、黑色的眼睛，一只叫大鸷，一只叫少鸷，一只叫青鸟。

有一座轩辕台，射箭的人都不敢向西射，因为敬畏轩辕台上黄帝的神灵。

大荒之中，有座山叫龙山，太阳和月亮在这里降落。有三股水泽汇集在一起，名叫三淖，这里是昆吾族人取得食物的地方。

此处的沃之野，显然就是《海外西经》中的"诸沃之野"。

据《海外西经》记载："诸沃之野，沃民是处，鸾鸟自歌，凤鸟自舞。凤皇卵，民食之；甘露，民饮之，所欲自从也。百兽相与群居。在四蛇北。其人两手操卵食之，两鸟居前导之。"

根据经文中的这些描述，感觉这个沃民之国就是一个天国，这里的人吃凤凰蛋，喝甘露，可以欣赏鸾鸟唱歌，凤鸟跳舞。凡是他们心里想要的美味，在这里都有。

不过，根据我们在《大荒东经》对嬴土之国的考证，可以推断沃民之国其实并非文字中所展现的那样美好。沃民应该是一个以巫师为职业的族群，所谓的"甘华、甘柤、白柳、视肉、三雅、璇瑰、瑶碧"等物，大概是他们从事巫术活动所用的工具。当然，他们从事巫术活动，自

三青鸟（大鸷、少鸷、青鸟）

然会获得相应的报酬。在那个时代，巫师是一个很崇高且尊贵的职业，所以他们的报酬是相当丰厚的，以至于让他们"凡其所欲，其味尽存"，想要什么就有什么。

关于三青鸟，前三册已经说过很多，知道它们是西王母所养的驯鸟，为西王母取食。而此处的经文则明确说明三青鸟是三只鸟，分别叫作大鹜、少鹜、青鸟。

轩辕台，自然就是以黄帝的名义修建的台，这是一种类似于神庙的建筑，用以镇压邪祟。《西山经》和《海外西经》都有轩辕丘，有人认为轩辕台就是轩辕丘，其实不然。台多为人工建造，而丘则多指自然地貌，也指废墟、坟冢，或许轩辕台建于轩辕丘之上。

与《大荒东经》中的"日月所出"山类似，在《大荒西经》中一共有六座"日月所入"山，分别为丰沮玉门、龙山、日月山、鏖鏊钜、常阳山、大荒山。其中，龙山排第二位。

"三淖，昆吾之所食也"，郝懿行注："食谓食其国邑。《郑语》云：'主芣騩而食溱、洧。'是也。"不过，有专家指出，在那个时代，是一个靠山吃山、靠水吃水的时代，没有必要说"食于三淖"，且《山海经》中"食其邑"的说法只有这一处。因此，经文"食"字可能是"浴"字之讹，即三淖乃是昆吾"所浴"之处，与《大荒南经》中的"白渊，昆吾之师所浴也"相似，也是一处进行巫术活动的地方。

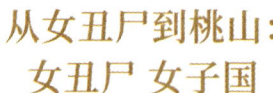

从女丑尸到桃山：
女丑尸 女子国

有人衣青，以袂^①蔽面，名曰女丑之尸。

有女子之国。

有桃山。有虻山^②。有桂山。有于土山。

①袂（mèi）：衣服的袖子。　②虻（méng）山：古山名。

有个人穿着青色衣服，用袖子遮住面孔，名叫女丑尸。

有个国家叫女子国。

有座山叫桃山。有座山叫虻山。有座山叫桂山。有座山叫于土山。

关于女丑尸和女子国，第三册已经做过详细论述，这里不再展开，只补充一条郭璞对女子国的注释："王颀至沃沮国，尽东界，问其耆老，云：'国人尝乘船捕鱼遭风，见吹数十日，东一国，在大海中，纯女无男。'即此国也。"

关于虻山和桂山，郝懿行认为就是前文太子长琴处所说的"芒山"和"桂山"。郝懿行云："上文已有芒山、桂山；芒、虻声同也。"虻即虻，是一种能够吸血的昆虫，最常见的是牛虻，体形粗壮，飞翔性较强，对家畜的疾病传染有较强的带动作用。虽山，大概是说此山有很多的虻。

从丈夫国到西海陼：
丈夫国 鸣鸟 轩辕国 弇兹

有丈夫之国。

有弇州之山[①]，五采之鸟仰天，名曰鸣鸟。爰有百乐歌儛之风。

有轩辕之国。江山之南栖为吉，不寿者乃八百岁。

西海陼[②]中，有神人面鸟身，珥两青蛇，践两赤蛇，名曰弇兹。

①弇（yǎn）州之山：古山名。 ②陼：同"渚"，水中小洲。

有个国家叫丈夫国。

有座山叫弇州山，山上有一种长着五彩羽毛的鸟，喜欢仰头

向天鸣叫，这种鸟名叫鸣鸟。这里风行各种各样的乐曲和歌舞。

有个国家叫轩辕国。那里的人把居住在江河山岭的南边当作吉利，寿命不长的人也能活到八百岁。

在西海的岛屿上，有一位神，长着人的面孔、鸟的身子，耳朵上穿挂着两条青蛇，脚底下踩踏着两条红蛇，他的名字叫弇兹。

丈夫国在《海外西经》也已讲过，不再赘述。值得注意的是，在《海外西经》中丈夫国与女子国之间有女丑尸、巫咸、并封，而此处的女子国与丈夫国之间有四座山，或许二者之间有一些关联。

在弇州山上也有一种五彩鸟，它的名字叫作鸣鸟。大家应该已经有了这样的认识，在《山海经》中出现的五彩鸟，不管它叫什么名字，基本上是指凤凰一类的鸟。郝懿行注："鸣鸟盖凤属也。《周书·君奭》云：'我则鸣鸟不闻。'《国语》云：'周之兴

也，鸑鷟鸣于岐山。'"袁珂按："郝说是也。鸣鸟即《海内西经》之孟鸟，亦即《尔雅·释鸟》之梦鸟；均凤类也。"

轩辕国，在《海外西经》中也有记载，与此处相似："轩辕之国在此穷山之际，其不寿者八百岁。在女子国北，人面蛇身，尾交首上。"

在西海的岛屿上，有神人弇兹，他长着人的面孔、鸟的身子，耳朵上穿挂着两条青蛇，脚底下踩踏着两条红蛇。这个形态，与北

海海神禺强、东海海神禺虢以及南海海神不廷胡余很像，据此可知弇兹是西海海神。

弇兹，即崦嵫，二者发音相同。《西次四经》记有崦嵫山，毕沅注："字当为弇兹……《穆天子传》曰：'天子升于弇山。'郭曰：'弇兹山。'当即此也。"《楚辞·离骚》曰："吾令羲和弭节兮，望崦嵫而勿迫。路曼曼其修远兮，吾将上下而求索。"王逸注："崦嵫，日所入山也，下有蒙水，水中有虞渊。"

从日月山到天虞：
噓 颛顼 老童 重 黎 噎 天虞

大荒之中，有山名曰日月山，天枢也。吴姖天门，日月所入。有神，人面无臂，两足反属①于头上，名曰噓。颛顼生老童，老童生重及黎，帝令重献上天，令黎印②下地。下地是生噎，处于西极，以行日月星辰之行次。

有人反臂，名曰天虞。

①属（zhǔ）：连接。 ②印：通"抑"，即抑压、按下之意。

大荒之中，有座山叫日月山，这里是天的枢纽。这座山的主峰是吴姬天门山，太阳和月亮在这里降落。有一位神，长着人的面孔，但没有臂膀，两只脚反转地连接在头顶，他的名字叫嘘。老童是颛顼的儿子，重和黎是老童的儿子，颛顼命令重托着天用力往上举，又命令黎撑着地使劲朝下按。黎来到下界生了噎，噎居住在大地的最西端，主管着太阳、月亮和星辰运行的先后次序。

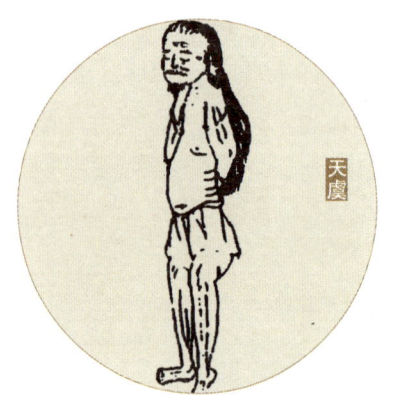

有个人双臂反着长，他的名字叫天虞。

前面我们讲了水神共工与中央天帝颛顼的那一场神国大战，这场大战的根源固然是共工作为炎帝后裔为失败的炎帝、蚩尤和刑天报仇，但其中的一个导火索却是颛顼隔绝天地通途。

在颛顼执掌大权之前，天和地虽也是分开的，但距离较近，并且还有天梯相通，这天梯就是各地的高山与大树。天梯原本是为神、仙、巫所设，人间的智者和勇士也能凭智谋和勇敢攀登天梯，直达天庭。

那时候，凡人有了冤苦之事，可以直接到天上去向天帝申诉，神也可以随便到凡界游山玩水。人与神的界限并不是很明确的。

自从颛顼继承黄帝做了中央天帝以后，就将蚩尤造反之事作为教训。他考虑到人、神居住在一起，总是弊多利少，将来难保没有第二个蚩尤下凡煽动世人上天与他作对。因此，他就命令重和黎两个人去把天地的通路截断，让人上不了天，神下不了地。这样一来，虽然人们丧失了自由往来的便利，但是却能让颛顼维持正常的社会秩序，也能保证他自己的安全。

大力神重和黎接到颛顼的旨意，便运足力气开始行动，一个两手托天，一个双掌按地，大喝一声，一齐发力。托天的尽力往上举，按地的拼命向下压，天渐渐更往上升，地渐渐更向下沉。本来相隔不远的天地就变成了现在这样，遥遥而不可及。高山、大树，再也起不到天梯的作用了。

天地之间发生巨变，天空中日月星辰都变了位置。大地上，山川移动，江河也改变了流动的方向。

只见大地向东南方向塌陷，天空向西北方向倾倒。因为天空向西北方向倾倒，日月星辰就每天从东边升起，向西边降落；因为大地向东南塌陷，大江大河的水就都奔腾向东，流入东边的大海里。

从此，托天的重专门管理天，按地的黎专门管理地。黎到地上还生下一个名叫噎的儿

子，他住在大荒西极，帮助父亲管理日月星辰运行的先后次序。

自从截断了天和地的交通，天上的神偶尔还能腾云驾雾私下凡界，地上的人却再也无法登上天庭，人、神间的距离，一下子便拉得很远很远了。

可以说，这是颛顼对天地间秩序进行的一次大整顿，后来人们将这一事件称为"绝地天通"。

毫无疑问，"绝地天通"是中国古代神话世界的一个大事件，所以许多书里都有记载，神话学家袁珂称其为"变相的阴阳二神开天辟地的神话"。颛顼能让重、黎二神开天辟地，几乎成了宇宙的最高统治者。但是，作为统治者，他在这一事件中显得有些不太顾及百姓的死活。或许，中央天帝的宝座是让颛顼产生这种转变的根源吧，因为对他来说，维护神国的稳定才是最重要的。

不过，这样一来，颛顼便也逐渐失去了人民的爱戴，以至于后来在民间流传了许多关于他的负面故事，其中便包括他许多不成器的儿子，这些我们后面会详细讲。

常羲浴月：帝俊 常羲 十二月

有女子方浴月。帝俊妻常羲，生月十有二，此始浴之。

有个女子正在给月亮洗澡。帝俊的妻子叫常羲，她生了十二个月亮，此后开始给月亮洗澡。

帝俊的伟大，从前面"十日之父"的身份已经得到充分证明。现在看来，他不仅是十日之父，而且还是"十二月之父"。这十二个月亮，是帝俊的另一个妻子常羲生的，如果说羲和是太阳女神的话，那么常羲就应该是月亮女神了。

说到月亮女神，我们自然会想到那位奔月的嫦娥。关于嫦娥与常羲的关系，历来颇有争议。很多人相信，嫦娥就是常羲，这里面有很多论证，过程极为复杂，我们在这里就不一一列举了，其中一个很重要的理由是，常羲和嫦娥古代发音相同。不过，我们知道，大羿奉帝俊之命下界惩罚他那捣乱的十个儿子（太阳），显然大羿与帝俊并非同一个人，而嫦娥是大羿的妻子，常羲则是帝俊的妻子，这就解释不通了。

还有一种说法认为，嫦娥是帝俊和常羲的女儿，从逻辑上来讲，这种说法就比较恰当一些。常羲虽然发音与嫦娥相同，但是未必就是同一个人。在远古时代，无论男女，继承先人名讳的人不占少数，大羿与后羿既然都可以是两个人，那么把常羲与嫦娥也分开来看的话，嫦娥很有可能就是常羲所生的这十二个月亮之一。大羿是帝俊非常看

常羲浴月

重的臣子，把女儿嫁给他也在情理当中。帝俊的本意是要大羿吓唬吓唬那些顽劣的儿子，只不过，大羿一时没有搂住火，一气射杀了九个大舅哥，帝俊一气之下就不让他回天庭了，而嫦娥也受了丈夫的牵连，于是才有了后来嫦娥奔月的故事。

关于嫦娥奔月，民间有很多个版本，有的说是大羿对嫦娥不忠：大羿成为射日英雄后，对嫦娥有不忠行为，和河伯的妻子雒嫔发生暧昧关系，因而引起嫦娥极大的不满，一气之下就离开大羿跑到天上去了；有的说是嫦娥抛夫独吞不死药：嫦娥知道丈夫大羿从西王母那儿讨来了不死药，就成仙心切。有一天，她趁着大羿不注意，就偷偷吃下了不死药，然后就飞到了月宫。在这里，我们给大家讲另外一个版本：嫦娥被迫吞药。

在远古时代，人们原本生活得好好的，有一天突然冒出十个太阳，把大地烤得直冒烟，庄稼都被晒死了，老百姓实在无法生活下去了。

这时，有一个力大无比的神箭手名叫大羿，决心为百姓解除这个苦难。大羿登上昆仑山顶，运足神力，拉满神弓，"嗖——嗖——嗖——"九箭连发，每箭都射落一个太阳。九个太阳被射落了，只剩下最后一个太阳，大羿抬头说道："从今天起，你每天必须按时升起，按时落下，为民造福，否则你的下场就和其他太阳一样！"仅存的这个太阳吓得浑身颤抖，再也不敢造次。

大羿为百姓们除了害，大家都十分敬重他，有不少人拜他为师，跟他学习射箭。俗话说："林子大了，什么鸟都有。"拜大羿为师的人太多了，就难免混进一些奸诈贪婪的小人，有个叫逢蒙的便是其中之一。

大羿有个美丽善良的妻子，名叫嫦娥。她既勤劳又大方，看到有哪个乡亲生活贫苦，就拿出自家的粮食、猎物分给他们，所以大家都很喜欢她。话说，昆仑山上的西王母见大羿立下这等大功，便送给他一丸仙丹。据说，人吃了这丸仙丹，不仅会长生不老，还可以升天成仙。不过，因为仙丹只有一粒，大羿又不愿意离开嫦娥，于是就让嫦娥先将药藏在百宝匣里，等有机会再得一粒后两人一起服用。

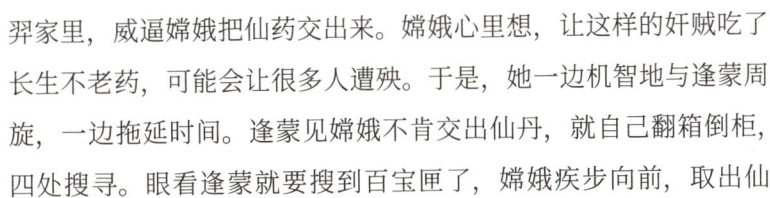

逢蒙

后来，不知怎的，这件事就被那个逢蒙给知晓了，于是他就想方设法想要把那粒仙丹弄到手。时间过得飞快，转眼间到了八月十五。一大早，大羿便带着众弟子出门打猎，而逢蒙却假装生病，留了下来。

逢蒙犹豫了一天，到了晚上，眼看大羿就要回来了，他一咬牙，终于下定决心去抢药，于是手提宝剑来到大羿家里，威逼嫦娥把仙药交出来。嫦娥心里想，让这样的奸贼吃了长生不老药，可能会让很多人遭殃。于是，她一边机智地与逢蒙周旋，一边拖延时间。逢蒙见嫦娥不肯交出仙丹，就自己翻箱倒柜，四处搜寻。眼看逢蒙就要搜到百宝匣了，嫦娥疾步向前，取出仙

丹，一口就吞了下去。

嫦娥吃了仙药，顿时飘飘悠悠地飞了起来。她飞出了窗子，飞过了洒满银辉的郊野，越飞越高。幽蓝的夜空中挂着一轮明月，嫦娥一直朝着月亮飞去。

大羿外出回来，发现妻子嫦娥不见了，他抬头一看，圆圆的月亮上树影婆娑，一只玉兔在树下跳来跳去。啊！妻子正站在一棵桂树旁深情地凝望着自己。

"嫦娥！嫦娥！"大羿一边呼唤着，一边朝着月亮追去。可是，因为没有了仙丹，他终究还是到不了月亮上面。

对于好心的嫦娥，乡亲们十分怀念，于是便在八月十五月圆之时，在院子里摆上嫦娥平日爱吃的饼，遥遥地为她祝福。这种食物后来就被称为月饼，渐渐地，八月十五这一天也成了人们企盼团圆的中秋节。

从玄丹山到屏蓬：
五色鸟 青鸢 黄鹜 屏蓬

有玄丹之山。有五色之鸟，人面有发。爰有青鸢①、黄鹜②，青鸟、黄鸟，其所集者其国亡。

有池，名孟翼之攻颛顼之池。

大荒之中，有山名曰鏖鏊钜③，日月所入者。

有兽，左右有首，名曰屏蓬。

注释

①青鸾（wén）：古鸟名。 ②黄鹜（áo）：古鸟名。 ③鏖鏊钜（áo
ào jù）：古山名。

译文

有座山叫玄丹山。在山上
有一种长着五彩羽毛的鸟，它
长着人的面孔而且有头发。
这里还有青鸾、黄鹜，也就
是青鸟、黄鸟一类的鸟，
它们在哪个国家聚集，哪
个国家就会有亡国之灾。

有一个水池，叫孟翼攻
颛顼池。

大荒之中，有座山叫鏖
鏊钜山，太阳和月亮在这
里降落。

有一种野兽，左边和右边各
长着一个脑袋，它的名字叫屏蓬。

五色鸟

我们不是说过，长着五彩羽毛的鸟都是凤凰一类的祥瑞之鸟
吗？怎么这玄丹山上长着五彩羽毛的鸟又成为凶兆之鸟了，它们
在哪个国家聚集，哪个国家就会有亡国之灾？而且，前面《大荒

南经》巫山上的黄鸟还是看管仙药的神鸟，这里怎么就成亡国之鸟了？

大家不要着急，我们慢慢来解释。

首先，"玄丹山"这条经文，虽然提到了四个鸟名——青鸢、黄鹜、青鸟、黄鸟，实际上就只有两种，后文所说的"青鸟、黄鸟"，就是前面的"青鸢、黄鹜"。对此，袁珂的说法是"古文朴陋，故记之凌杂也"。

由此可知，此黄鸟并非《大荒南经》中的黄鸟，它只是黄鸟的一种。我们不妨总结一下，在《山海经》中的黄鸟可以分为三类：一是治妒之鸟（见《北次三经》），二是镇守神药的神鸟（见《大荒南经》），三是黄鹜之类的祸鸟，亡国之鸟。

其次，大家请注意，玄丹山上面的是"五色鸟"，而不是我们前面所说的凤凰一类的"五采（彩）鸟"，二者虽然仅一字之差，却有本质的不同。在《山海经》里，五彩鸟大多为吉祥鸟，而此处五色鸟则为凶兆鸟，这符合古代巫术思维的特点，即吉神与凶神总是相对存在的。

在《海外西经》中也有两种亡国之鸟，其原文为："鵹鸟、鶬鸟，其色青黄，所经国亡。在女祭北。鵹鸟人面，居山上。一曰维鸟，青鸟、黄鸟所集。"

只要对比一下，很容易就能够明白，《海外西经》中的鵹鸟、鶬鸟正是《大荒西经》的青鸢、黄鹜，这两种鸟统称为"维鸟"，它们都是亡国之鸟。郭璞认为，这些凶鸟为应祸之鸟，即通常所说的枭、鸺鹠之类的鸟。不过，也有当代学者指出，这种"人面有发"的五色鸟应当是古代巫师装扮的，所谓"其所集者其国亡"，应该是一种战前的巫咒活动。

屏蓬是一种双头兽，左右各有一头，寓有牝牡合体之义。事实上，这里的屏蓬就是《海外西经》中的并封，其原文为："并封在巫咸东，其状如彘，前后皆有首，黑。"

从巫山到昆仑丘：
黄姬尸 比翼鸟 白鸟 天犬
昆仑神 西王母

　　有巫山者。有壑山者。有金门之山，有人名曰黄姬之尸。有比翼之鸟。有白鸟，青翼、黄尾、玄喙。有赤犬，名曰天犬，其所下者有兵。

　　西海之南，流沙之滨，赤水之后，黑水之前，有大山，名曰昆仑之丘。有神，人面虎身，有文有尾，皆白，处之。其下有弱水之渊环之，其外有炎火之山，投物辄然[①]。有人戴胜，虎齿，有豹尾，穴处，名曰西王母。此山万物尽有。

注释

①辄然：辄，即，就。然，"燃"的本字，燃烧。

译文

有座山叫巫山。有座山叫壑山。还有座山叫金门山，山上有个人叫黄姖尸。山中还有比翼鸟。有一种白鸟，长着青色的翅膀、黄色的尾巴、黑色的鸟喙。有一种红色的狗，名叫天犬，它到哪里，哪里就会发生战乱。

天犬

　　在西海的南面、流沙的边沿、赤水的后面、黑水的前面，屹立着一座大山，叫昆仑丘。有一位神，长着人的面孔、老虎的身子，身上有花纹，有尾巴，上面有许多白色斑点，住在昆仑丘上。昆仑丘的周围，被弱水汇聚的深渊环绕着。深渊的外边有座山叫炎火山，一投进东西就会燃烧。有位神头戴玉质首饰，嘴里长满老虎牙齿，拖着一条豹的尾巴，住在洞穴中，名叫西王母。这座山中世间万物应有尽有。

　　巫山与壑山前面都曾出现过，金门山是第一次出现，从字面理解，这座山上可能有"金门"状的结构物，类似于日月山的吴姖天门，这个金门装置或许与黄姫尸及其活动有关。袁珂按："姫，《藏经》本作姫。"

黄姫尸，经文中只有一个名字，其他地方并没有记载，所以他到底是什么身份，做过什么事，已经很难考证了。

比翼鸟，在前几册中已经多次出现，这里不做赘述。至于白鸟就有些奇怪了，它名字叫白鸟，却长着青色的翅膀、黄色的尾巴、黑色的鸟喙。对此，郭璞的注只有两个字："奇鸟。"而袁珂则指出："《山海经》系据图为文之书，此正解说图象之辞，确系'奇鸟'。然说图者及注释者均已无能为名矣。"

对于天犬，郭璞注："《周书》云：'天狗所止地尽倾，余光烛天为流星，长数十丈，其疾如风，其声如雷，其光如电。'吴楚七国反时吠过梁国者也。"郝懿行注："赤犬名天犬，此自兽名，亦如《西次三经》阴山有兽名天狗耳，郭注以天狗星当之，似误也。其引《周书》，《逸周书》无之。"

天犬

关于天犬到底是天狗星还是动物犬，学界并没有定论。不过，可以肯定的是，《西次三经》中的天狗是一种御凶辟邪的神兽，而本经所说的天犬则是凶兆之兽，二者并不相同。

人面虎身神

　　"西海之南"一段文字说的就是昆仑山和西王母，前几册已经说得太多了，这里不再展开。不过，值得注意的是，在《五藏山经》里，昆仑丘是黄帝的"下都"，西王母则居住在西方的玉山，与此处经文有些出入。另外，此处的人面虎身神，应该就是《西次三经》昆仑丘的神陆吾。

从常阳山到寿麻国：
寒荒国 女祭 女薎 寿麻国
南岳 女虔 季格 寿麻

　　大荒之中，有山名曰常阳之山，日月所入。

　　有寒荒之国。有二人女祭、女薎[1]。

　　有寿麻之国。南岳娶州山女，名曰女虔。女虔生季格，季格生寿麻。寿麻正立无景[2]，疾呼无响。爰有大暑，不可以往。

[1]女薎：即女薎。　[2]景（yǐng）：同"影"，影子。

　　在大荒之中，有座山叫常阳山，太阳和月亮在这里降落。

　　有个国家叫寒荒国。这里有两个神人，分别叫女祭、女薎。

　　有个国家叫寿麻国。南岳娶了州山的女儿，她的名字叫女虔。季格是女虔儿子，寿麻是季格儿子。寿麻正站在太阳下也没有影子，向四方高声疾呼却没有回响。这里异常炎热，人不能够前往。

　　常阳山是"日月所入"山的第五座。有人说，它就是《海外西经》刑天所葬的常羊山。这种论断并非没有道理，因为不仅两山的山名同音，而且在《海外西经》中，常羊山后面紧接着便是"女祭、女薎（蔑）"，此处常阳山后面也是"女祭、女薎（蔑）"。

　　寿麻，有的书上也写作"寿靡"（靡与麻古字通用）。据《吕氏春秋·任数篇》记载："西服寿麻，北怀阓耳。"吴任臣注："《冠编》：'黄帝鸿初为南岳之宜，故名南岳。'女虔《学海》作女庖。又《路史》曰：'帝鸿生白民及嘻，嘻生季格，季格生帝魁。'注云：'嘻其南岳也。'未审孰是。"

　　由以上资料可知，黄帝有可能就是南岳，而寿麻则是黄帝的孙辈帝魁。袁珂对此的解读为："吴所引《冠篇》虽系后起之说，未足为据，然此南岳实亦当黄帝系人物。经又云'寿麻正立无景，疾呼无响。爰有大暑，不可以往'，并疑与《大荒北经》黄帝女魃之神话有关，寿麻其黄帝女魃之转化乎？"

　　此外，马昌仪在《古本山海经图说》中指出："寿麻又作寿靡，属神人、仙人一类……寿麻与常人不同：正立无景，疾呼无响，均仙人之象。《淮南子·地形篇》说：'建木在都广，众帝所自上下，日中无景，呼而无响，盖天地之中也。'寿麻国极热，又无水源，人不可以往。郭璞注：'言热炙杀人也。'"

不过，山海经研究学者王红旗否定了以上观点，他认为"寿麻正立无景"是我国古籍关于赤道地区（南北回归线之间）自然环境的最早记述。寿麻在阳光下正立而没有影子，就是正午阳光垂直照射现象；大声喊叫没有回声，则与火热环境对空气传播声音的影响有关；"爰有大暑，不可以往"则是对赤道地区炎热气候的直接描述。王红旗的观点很有道理。

寿麻

从夏耕尸到一臂民：
夏耕尸 成汤 夏桀 吴回
盖山国 一臂民

有人无首，操戈盾立，名曰夏耕之尸。故成汤伐夏桀于章山，克之，斩耕厥前。耕既立，无首，走①厥咎，乃降于巫山。

有人名曰吴回，奇②左，是无右臂。

有盖山之国。有树，赤皮枝干，青叶，名曰朱木。

有一臂民。

①走（zǒu）："走"的本字，逃避的意思。 ②奇：单数。这里指与成对事物相对而言的单个事物。

有个人没有脑袋，手握长矛和盾牌站立着，他的名字叫夏耕尸。从前成汤在章山讨伐夏桀时，打败了夏桀，斩杀夏耕尸在他的面前。夏耕尸站起后，发觉自己没有脑袋了，为逃避罪咎，就跑到了巫山。

有个人名叫吴回，只剩下左臂，而没有右臂。

有个国家叫盖山国。那里有一种树，长着红色的树干和树枝、青色的叶子，叫朱木。

只长一只胳膊的人被叫作一臂民。

在这一节，出现了一个和刑天的情况相仿的人物——夏耕，也是断首不死，操干戈而立。不过，这位夏耕却是个脓包货，跟刑天的精神状态迥然不同，也没有人把他当成英雄。这是怎么回事呢？要说这夏耕的故事，我们还得从他的君主夏桀说起。

　　夏桀是夏王朝最后一位君主，在历史上是一个和商纣王齐名的暴君，他继承王位后，觉得自己住的宫殿太简陋了，就下令在洛阳建造一座新的宫殿，起名叫倾宫。修建倾宫动用了成千上万的奴隶，花了7年才建造完成，这项劳民伤财的工程，害得夏朝的老百姓怨声载道，苦不堪言。

　　除了大兴土木，夏桀还贪恋女色。他的后宫美女如云，其中他最喜欢的是一个叫妺（mò）喜的嫔妃，对她说的话言听计从。

　　这个妺喜是夏桀发兵征讨有施氏部落的时候，那个部落为了讨好他进贡的。他一见就非常喜欢，还专门建造了富丽堂皇的宫殿和玉床供自己与妺喜享乐。一次，妺喜说听腻了乐师的演奏，非常想听布匹被撕裂的声音。听到这个要求，夏桀笑着说："这个太简单了！只要爱妃喜欢，我马上去帮你安排。"说完夏桀马上发布公告向全国征集大量布匹，然后把这些布匹全部都堆在倾宫，并派人不断撕裂这些布匹来博取妺喜的欢心。

　　夏桀还非常讲究吃，除了山珍海味，其他的一概不吃。蔬菜只吃西北（今陕西省渭河流域）出产的，只吃东海捕捞来的大鱼，甚至对调味的作料都很挑剔，只有南方产的生姜和北方出产的海盐才有资格成为他的食品调料。为了解决他一个人的吃饭问题，官员们专门安排了成百上千的人替他种菜、捕鱼、运输和烹调。

　　夏桀还是个酒鬼，并且有个怪习惯，必须喝十分清澈的酒，酒一混浊，他就会杀掉厨师，许多厨师都因此断送了性命。夏桀喝醉了以后，还喜欢拿人当马骑着玩，他想玩骑马的时候，不管你是仆人还是身居要职的大官，都必须马上俯身做"马"，要是不愿意，就会挨一顿痛打，如果赶上他心情不好，甚至会被杀头。

　　夏桀偏爱能够给他出主意享乐的官员，讨厌向他进谏的正直的贤人。有一个名叫赵梁的小人，专门投其所好，经常给夏桀出馊主意，教他如何享乐，如何勒索百姓，夏桀把他视为自己的心腹。晚年的夏桀更加荒淫无道，他命人挖了一个大池，称为"夜宫"，并曾带着一大群男男女女在池中嬉戏，一个月都没有上朝。太史令终古哭着进谏，夏桀很不耐烦，斥责终古多管闲事，终古知道夏朝气数将尽，便偷偷逃走了。

另外一个叫关龙逄的臣子听到老百姓的怨言，觉得大事不妙，便进谏说："天子谦恭而讲究信义，节俭又爱护贤才，天下才能安定。现在大王奢侈无度，弄得百姓都盼望你早些灭亡。大王您现在已经失去了民心，请您赶快改正过错吧，这样才能挽回人心。"夏桀怒骂关龙逄危言耸听，下令将他杀死。从此，忠臣都不敢再亲近夏桀，而奸臣则成群地围着夏桀转，夏朝的统治也越来越腐败。

正当夏朝势力日渐衰落的时候，黄河下游有一个名叫商的部落却逐渐强大起来。关于商部落的起源，我们在讲"有易杀王亥"的时候曾讲过。此时，商部落的首领叫汤，是一个仁慈善良的人。

一天，汤带领随从外出，在郊野一个树木茂盛的地方看到一个猎人正在捕猎。猎人在东南西北四个方向都挂着捕捉猎物的大网，然后跪在地上，口中念念有词："自天下四方皆入吾网。"这句话的意思就是说，求老天爷保佑，网都已经挂好了，愿天上飞的，地上跑的，四面八方的鸟兽们，都快快进入我的网里边吧。

汤听到了，马上命令手下把挂好的网撤掉三面，只留一面。他对那个猎人说："你这样做太残忍了吧？这样不是把鸟兽都赶尽杀绝了吗？"然后他又教猎人这样祈祷："欲左，左。欲右，右。不用命，乃入吾网。"意思就是，鸟啊，兽啊，你们愿意往左就往左，愿意往右就往右，想去哪里就去哪里，如果你们不听从命令，那就钻进

我的网中吧。

　　汤又和颜悦色地对猎人和随从说："我们对待鸟兽也要有慈爱之心，我们只捕捉那些不听天命的，怎么能把它们全杀了呢？"猎人和随从都心悦诚服地点头称是。

　　这就是著名的"网开一面"的故事。这个事迹很快在诸侯之间传扬开来，人们纷纷称赞汤对待禽兽都能这样关爱，仁慈已经达到了极点。从此，汤的名声传扬四方，许多有才干而得不到朝廷重视的人都来投奔他。

　　汤看不惯夏桀的所作所为，便联合那些被压迫的部落，一起发动了对夏桀的进攻。

　　夏桀见汤打来，立即慌了手脚，他一面派遣很难获胜的不多几个兵将前去迎敌，一面赶紧用鸿鹄的羹、玉铉的鼎，来飨祀天帝，希望依靠神的福佑打败敌人，以保住自己江山。不料，才打了两三仗，他的大将夏耕就在险要的关隘上丢了性命。

　　夏耕是镇守章山的一员大将，右手拿着戈，左手拿着盾，威风凛凛地站在关口上。可是，汤上前，只一刀便砍掉了他的脑袋。断头的夏耕，从地上爬起来，发觉自己脑袋没有了，心里着慌，回身就跑。他一直跑到巫山，才停下脚步，找一个僻静的地方去躲避他的罪恶，从此再也不敢出来。

　　夏桀得到消息，只得带兵赶到鸣条

夏耕尸

（在今山西省运城市安邑）。两军交战，夏桀登上附近的小山顶观战。忽然天降大雨，夏桀急忙从山顶奔下避雨。夏军将士原本就不愿为夏桀卖命，看到夏桀这样的表现更加失望，纷纷逃走。夏桀制止不住，只得仓皇逃入城内。商军在后紧追不放，夏桀只得带上妹喜和金银珠宝，匆忙登上一艘小船，渡江逃到南巢（今安徽省巢湖市）。后来，他被商部落的首领汤追上后治罪，被放逐到南巢的卧牛山。到了这个时候，夏桀仍然没有悔悟，还在恶狠狠地咒骂。

夏桀和妹喜被放逐到荒山野岭，没有人服侍，自己又不会劳动，没有多久就活活饿死了。就这样，自夏启以来传了四百多年的夏王朝便断送在了夏桀手上。

汤即位后，改变了历法，更改了衣服的颜色，开始崇尚白色，并且规定白天必须举行朝会，由百官向他汇报全国正在发生的事情。汤统治的时代，政治清明，经济和文化也有了一定的发展，百姓安居乐业，生活安稳。

从大荒山到西南海外：
三面人 颛顼 青蛇 龙 夏后启

大荒之中，有山，名曰大荒之山，日月所入。有人焉三面，是颛顼之子，三面一臂，三面之人不死。是谓大荒之野。

西南海之外，赤水之南，流沙之西，有人珥两青蛇，乘两龙，名曰夏

三面人

后开①。开上三嫔②于天，得《九辩》与《九歌》以下。此天穆之野，高二千仞，开焉得始歌《九招》。

注释

①夏后开：即夏启。因为汉朝人避汉景帝刘启的名讳，就改"启"为"开"。　②嫔：嫔、宾在古字中通用。这里作为动词，意思是做客。

译文

　　大荒之中，有一座山叫大荒山，太阳和月亮在这里降落。这有一种人，头部的前面及左右各长着一张脸，他们是颛顼的后裔，有三张脸和一条胳膊，这种三面人能长生不死。这里就是所谓的大荒野。

　　在西南海之外，赤水的南面，流沙的西面，有个人耳朵上穿挂着两条青蛇，乘驾着两条龙，他的名字叫夏启。夏启曾三次到天帝那里做客，得到天帝的乐曲《九辩》和《九歌》后回到人间。这里就是天穆野，高达二千仞，从夏启开始，人们才开始演唱《九招》。

三面人

这段关于夏启的文字，与《海外西经》中"大乐之野"一段有衔接关系，如果按逻辑顺序来讲的话，这一段应该在前，"大乐之野"那段应该在后。

关于夏启的神话，在前面我们基本上讲完了，这里不妨再讲一些史话。

夏启的一生是争斗的一生，但对他来说最重要的争斗只有三场：第一场，通过与伯益的王位之争登上了君王宝座；第二场，通过与有扈氏的甘之战巩固了自己的政权，从此"天下咸朝"；夏启的第三场争斗发生在他的晚年，征伐的对象是他的儿子武观，史称"武观之乱"。

《逸周书·尝麦》比较详细地记述了这次叛乱："其在启之五子，忘伯禹之命，假国无正，用胥兴作乱，遂凶厥国。皇天哀禹，赐以彭寿，卑正夏略。"文中的"五子"当为"武观"之误。从这段文字当中，约略可以知道在夏启晚年已发生了诸子争立的动乱，武观因此被放逐西河。后来，当继任问题进一步提到日程上时，武观发动叛乱，效法夏启用暴力夺取继承权。这场权力之争几乎瓦解了夏王朝的统治，幸而有彭伯寿率师出征西河，才平定了武观的叛乱。

夏启平定武观叛乱之后，把他的王位传给了看起来比较听话的太康。不料，这个太康却是个真正的纨绔子弟。老爸活着的时候表现得很积极，老爸

一去世他便现了原形，整天只知道游玩打猎，惹是生非，对百姓的死活不闻不问。

　　黄河下游的夷族，有个部落首领名叫后羿，他看中夏朝的地盘很久了，一直苦于没机会下手。有一天，他趁太康出去打猎的时候，占领了国都，驱逐了他，太康就这样丢了王位。

　　逼走了太康的后羿是个精明的人，他担心自己贸然称王，会有人不服，便让太康的兄弟仲康当夏王，而自己则当起了摄政王。表面上，仲康是国王，后羿凡事都听他的，其实后羿才是夏朝的真正主人，后羿说往东，仲康绝不敢往西。

　　过了几年傀儡生活后，仲康就死掉了，随后仲康的儿子相称王，后羿觉着自己老当幕后工作者很没意思，也想到台前亮亮相。于是他一不做二不休，就把相赶下了台，自己当起了夏王。

　　后羿也是个打猎爱好者，他当上首领后，最热衷的事儿还是四处打猎，跟原来的太康一个德行。后羿把国家政事交给了亲信寒浞，可没想到的是他这个亲信竟是个白眼狼，寒浞瞒着后羿拉拢人心，把权都夺到了自己手里。

　　后来，寒浞把后羿杀了，自己继承了首领之位。为了斩草除根，他还派人杀了已经被废掉的相。不过，寒浞没有料到，相还有个没出生的儿子，这个儿子是相的老婆在娘家生下的，取名少康。

　　少康长大后，决心报仇雪恨，夺回自己的爹应有的王位。他自小生活在艰苦环境中，练就了一身好本领，长大后就开始招兵买马，召集弟兄，然后又偷偷去联络之前忠于夏王朝的臣子，反攻寒浞，最终把王位夺了回来，史称"少康中兴"。

　　少康灭了寒浞，可是夷族和夏朝之间的斗争并没有结束。后羿是个射箭高手，他的族人也都个个箭术高明，两个部落之间经常打架斗殴，但是因为夷族的人能够利用弓箭进行远程进攻，这让夏朝的人很吃亏。

后来少康的儿子帝杼即位，发明了一种可以避箭的护身衣，叫作"甲"，甲穿在身上，就可以刀枪不入。凭借这个，夏朝灭了夷族，势力又向东发展了。

这样又过了很多代之后，夏朝的王位传到了孔甲的手里。孔甲是一个做事很荒唐的人，迷信鬼神，喜欢稀奇古怪的东西。

据说，有一次孔甲到野外游玩看到一雄一雌两条龙，他兴奋得就像见到了神灵一样，赶忙派手下的人捉它们，想养在宫中。但是宫中没有人会养龙，他只好派人到全国各地寻找会养龙的人。这个人还真被他找到了。这个人就是陶唐部落的刘累。传说刘累曾经跟豢龙氏学过养龙的技术，豢龙氏是一个专门养龙的部落。孔甲兴冲冲地把刘累请到宫中，让他负责养龙，赐他姓御龙氏，还赏赐了他一块封地。

可是，这个刘累学艺不精，竟然把雌龙给养死了。他不敢告诉孔甲，于是悄悄地把龙肉做成肉酱送给孔甲吃。孔甲一尝，觉得这个肉的味道和以往吃过的美味佳肴都不同，还想吃，于是就派人找刘累要。刘累吓坏了，觉得这样下去就算龙被养死的事情没有暴露，找不到这种肉来献给夏王的罪名也足够他被抓进大牢了。想到这里，他冒出一身冷汗，就连夜逃跑了。

由于孔甲乱政，各部落与王室的关系极度恶化，氏族内部的纠纷也日益激烈，奴隶或争相逃亡，或起而暴动，夏王朝逐渐衰落。

孔甲死后，他的儿子皋继位；皋死后，他的儿子发继位；发死后，他的儿子履癸继位。这个履癸，就是历史上著名的暴君夏桀。

关于夏桀的故事，在上一节我们已经讲过，这里就不再赘述。

从互人国到大巫山：
氏人国 炎帝 灵恝 氏人
鱼妇 颛顼 鶵鸟

有互人之国[①]。炎帝之孙名曰灵恝[②]，灵恝生互人，是能上下于天。

有鱼偏枯，名曰鱼妇，颛顼死即复苏。风道北来，天乃大水泉，蛇乃化为鱼，是为鱼妇。颛顼死即复苏。

有青鸟，身黄，赤足，六首，名曰鶵鸟[③]。

有大巫山。有金之山。西南，大荒之隅，有偏句、常羊之山。

注释 ——

①互人之国：当为"氏人之国"。②灵恝（qì）：神话传说中的神名。

③鶵（chù）鸟：古鸟名。

有个国家叫氏人国。炎帝的孙子名叫灵恝，氏人是灵恝的后裔，那里的人能往返于天界和人间。

有一种鱼的身子半边干枯，叫作鱼妇，是颛顼死后又立即苏醒变化的。风从北方吹来，泉水被风从地下吹了起来，蛇于是变化成为

鱼，这就是所谓的鱼妇。而死去的颛顼就是趁蛇鱼变化未定的时候，将生命寄托在鱼里，并重新复苏的。

有一种青鸟，身子是黄色的，爪子是红色的，长着六个脑袋，名字叫鸀鸟。

有座山叫大巫山。有座山叫金山。在西南方，大荒的一个角落，有偏句山、常羊山。

这一节涉及了两个神话故事，一个是炎帝之孙，一个是颛顼复活。

关于颛顼复活，在前三册我们已经有所涉及，《山海经》中的这段文字则详细介绍了他复活的经过：当北方刮来大风，地下的泉水因风势而涨溢出地面的时候，蛇就会变成鱼，那已经死去的颛顼，便趁着蛇化鱼的机会，将灵魂附在鱼的身上，从而实现了死而复生。复活的颛顼身体半边是人，半边是鱼，这种奇怪的生物

叫作"鱼妇"。

　　这段描述，实际上给我们带来了很多的疑问：颛顼是怎么死的？他死而复生之后是否又回到了天国做他的中央天帝或北方天帝？这些都没有交代。不过，这件事却给我们一个启发：炎帝的小

鱼妇

女儿女娃，是不是也是通过类似的方式将灵魂附在一种小鸟身上，从而以精卫的形式来复活呢？大家不妨展开丰富的想象。

其实，炎帝除了女娃，还有不少的儿女，灵恝便是其中之一。有趣的是，这灵恝是氏人国的始祖，而根据《海内南经》记载："氏人国在建木西，其为人人面而鱼身，无足。"这不得不使我们联想到颛顼死而复生后变化而成的鱼妇。难道这只是巧合吗？大家可以思考一下。

关于炎帝的子孙，后面我们还会详细介绍，这里先给大家讲一讲历史上的神农炎帝是一个什么样的人。

和所有大人物一样，炎帝出生也极不平凡。相传，在一个普通的黄昏，西边的太阳特别红，东边晶莹剔透的圆月也悄悄爬上树梢，有一个美丽的姑娘在姜水岸边散步。

突然，一道红光从碧波深处射出，一条赤髯神龙升至半空，双目发出两道神光，看了这个美丽的女子一眼。女子揉揉双眼，天空中却没有了神龙的影子，她以为是自己看错了。回到家中不久，姑娘就怀孕了，十个月以后生下了一个男孩。这个孩子，就是以后的炎帝神农。

神农一生下来就和常人不同。他的肚子和水晶一样，几乎是透明的，五脏六腑全都能看得见，还能看得见吃进去的东西，大家都很惊奇。才生下来三天，他就会说话，五天的时候就会走路了。到三岁时，他就已经学会了耕作，而且身高也已长到了八尺七寸，真是太神奇了！

古时候，人们都是靠打猎和采摘山上的野果过日子。到了神农生活的时期，人慢慢多了起来。天上的飞禽越打越少，地下的走兽越打越稀少，人们就只好饿着肚子。眼看人们遭受饥饿的折磨，善

良的神农非常着急。

于是，神农决定去找更多适合人们的食物。他不辞辛苦，冒着生命危险，走遍名山大河，尝尽了千辛万苦，终于在一个山清水秀的地方，找到了适合人类食用的谷种。

神农吩咐人们在春天把种子播种在开垦过的土里，然后经常施肥灌溉，拔除杂草，并且还让人们从山上砍来一些木料，削成犁地和铲土的农具来用。到秋天的时候，人们收获好多谷物。神农看到人们终于不用再忍受饥饿，非常高兴。

第二年的时候，神农带领百姓，按照土地干燥和湿润等不同情况，划分地段，然后开始进行大面积的种植。这样一来，人们开始有了足够多的粮食，再也不用担心饿肚子了。

神农带领人们耕种的事情，感动了天帝。天帝派来一只满身通红的神鸟，衔着一株九穗的禾苗，飞到神农他们开垦过的土地上空，把种子撒在地里。接着，天帝又命令太阳神和雨神帮助照管。

秋天来了，五个不同的地段长出了五种不同的谷物。神农就按顺序把这五种作物叫作稻、黍、稷、麦、菽，这就是五谷的由来。

有一次，神农在种植五谷的田间发现了一种特殊的植物。这种植物能长到一尺多高，一年可以收获三次。人吃下这种植物的果实，不但可以充饥，而且还可以长生不死。但是，这样一来，许多人就开始慢慢懒散起来。

天帝知道后很是不满。他命令掌管米谷的神收回五谷中长生不死的成分，而且种植的五谷一年只能收一次，接着又命令红色的神鸟留在人间，每年春天的时候催促人们耕种。后来，人们根据这种神鸟的叫声，称它为布谷鸟。

　　从那以后，人们又恢复勤劳的作风，开始勤奋耕种。人间年年五谷丰登，民众鼓腹而歌，感念神农功德，尊称他为"五谷神农"。

大荒北经

从附禺山到胡不与国：
颛顼 九嫔 鸾鸟 凤鸟 青鸟 琅鸟
玄鸟 黄鸟 帝俊 胡不与国

　　东北海之外，大荒之中，河水之间，附禺之山，帝颛顼与九嫔葬焉。爰有鸱久、文贝、离俞、鸾鸟、凤鸟、大物、小物[1]。有青鸟、琅鸟、玄鸟、黄鸟、虎、豹、熊、罴、黄蛇、视肉、璇瑰、瑶碧，皆出于山。卫丘方员三百里，丘南帝俊竹林在焉，大可为舟。竹南有赤泽水，名曰封渊。有三桑无枝，皆高百仞。丘西有沈[2]渊，颛顼所浴。

　　有胡不与之国，烈姓，黍食。

注释

①大物、小物：指殉葬的大小用具物品。　②沈：深。

译文

　　在东北海之外，大荒之中，黄河水流过的地方，有座山叫附禺山，颛顼帝和他的九个妃嫔就埋葬在这里。这里有鸱鹰、花斑贝、离朱鸟、鸾鸟、凤鸟、大小殉葬物品。青鸟、琅鸟、燕子、黄鸟、老虎、豹子、熊、罴、黄蛇、视肉、璇瑰玉石、瑶碧玉石，这些都产于这座山。卫丘方圆三百里，卫丘南面有帝俊的竹林，竹子大得可以做船。竹林的南面有红色的湖水，名叫封渊。

那里有三棵没有枝杈的桑树，都高达百仞。卫丘的西面有个深渊，是颛顼帝洗澡的地方。

有个国家叫胡不与国，那里的人都姓烈，以黄米为食。

这里的附禺山，实际上和《海内东经》讲的鲋鱼山是同一座山，"附""鲋"古字通用。据说，这座山位于今天的河南省濮阳市境内。濮阳古称帝丘，据传颛顼曾以此为都，因而有"颛顼遗都"之称。在当地，至今流传着一则颛顼除黄龙怪的民间故事。

据说，在颛顼统治部落的时期，一切都井井有条。人们都很勤奋，努力耕种自己的土地，诚心帮助有困难的人。他们幸福地生活着，一切就犹如一幅美好的画卷一样。但就在一切都很平静的时候，还是有一些不好的事情发生了。

黄河是一条奔腾的大河，它就像一条巨龙一样一直流到东边的大海。黄河两岸一直风调雨顺的地方，现在却忽然间变得让人恐惧——黄河里的水泛滥，大量的水冲向山野。农田、房屋还有人和动物都在水里打转，沉入水底，被水淹没。

颛顼听说黄河泛滥的事情以后，就决心要去调查清楚。经过一番详细的考察，颛顼终于发现，原来是河里有一只妖怪在作怪。

这只在黄河里作怪的妖怪叫黄龙怪，它住在黄河里，长着巨龙的身体，神通广大。颛顼和它大战了九九八十一天，可还是分不出胜负。

于是，颛顼便向女娲娘娘求助："女娲娘娘，我的部落里有个地方出现了一只黄龙水怪。这只水怪带来大水，人间的房屋全被冲毁了。我和黄龙怪打了九九八十一天，却没能收服他，请女娲娘娘帮助我，为我的部落消除祸害！"

女娲娘娘听完，立即拿出一把宝剑，说道："这把天王宝剑你拿去，它能够帮助你消灭黄龙水怪！"随后，女娲娘娘又将宝剑的使用方法教给了颛顼。

天王宝剑是女娲的补天神针幻化而成的，具有很强的法力。女娲完成补天的工作以后，就把这补天的神针插在了一座山上，作为镇山之宝。在数千年的时间里，这根原本的补天神针渐渐变成了一把法力强大的宝剑。

颛顼带着天王宝剑找到黄龙怪，要求再战一次。黄龙怪看到宝剑，不免有些害怕。这时，勇敢的颛顼拿起天王宝剑，按女娲教给他的方法用力向它刺了过去。黄龙怪来不及躲闪，一下就被天王宝剑刺中了胸膛，顿时就毙命了。

为了给人间造福，颛顼就用天王宝剑将一个大沙岗变成了一座山，取名附禺山，接着又用剑在山旁划出一道河，取名硝河。从此，这个地方有山有水，到处是农田，粮食和树木长得绿油油的，人们又重新过上了好日子。

从不咸山到榆山：
肃慎氏国 蜚蛭 琴虫
大人国 大青蛇

大荒之中，有山，名曰不咸。有肃慎氏之国。有蜚蛭①，四翼。有虫②，兽首蛇身，名曰琴虫。

有人名曰大人。有大人之国，厘③姓，黍食。有大青蛇，黄头，食塵。

有榆山。有鲧攻程州之山。

注释

①蜚蛭（fēi zhì）：蜚通"飞"。蛭是环节动物，有好几种，如水蛭。②虫：这里指蛇。③厘（xī）：通僖，姓氏。

译文

大荒之中，有座山叫不咸山。有个国家叫肃慎氏国。有一种能飞的蛭，长着四只翅膀。有一种蛇，长着野兽的脑袋和蛇的身子，名叫琴虫。

有一种人名叫大人。有个国家叫大人国，那里的人都姓厘，以黄米为食。有一种大青蛇，长着黄色的脑袋，

琴虫

能吞食麈。

有座山叫榆山。有座山叫鲧攻程州山。

据考证，不咸山就是今天吉林省东南部的长白山。

长白山是中国满族的发祥地和满族的文化圣山，同时也是鸭绿江、松花江和图们江的发源地。长白山的"长白"二字还有一个美好的寓意，即为长相守到白头，代表着人们对忠贞和美满爱情的向往与歌颂。

长白山是一座巨型复式休眠火山，外围熔岩高原略呈不规则椭圆形，长轴约140千米，呈北东向延伸，短轴约120千米，经白垩纪末、中新世、上新世末到更新世初三次大的玄武岩喷溢堆叠形成高原、山地。据记载，长白山曾于1597年、1668年和1702年喷发过。

肃慎，亦作"息慎""稷慎"，是我国古代东北的一个民族，即现代满族的祖先。传说，舜、禹时代，已与中原有了联系。舜时，息慎氏朝贡弓矢；禹定九州，周边各族"各职来贡"，其中东北夷中即有肃慎。

在周武王时，肃慎人入贡"楛矢石砮"。到周成王时，肃慎氏来朝，周成王命大臣荣伯作"贿息慎之命"。周康王时，肃慎复至。周人在列举其疆土四至时称："肃慎、燕、亳，吾北土也。"可见远在春秋以前，肃慎人已臣服于中原王朝。

据有关史书记载，战国以后，只见挹娄而不见肃慎，直到三国、两晋时，肃慎之名才又重新出现。对此，史学家有不同看法：一说当时肃慎为挹娄所阻隔，无法来朝，其名遂隐；一说挹娄即肃慎之改称，故两名互见，非于挹娄之外，又别有一肃慎。

蜚蛭，又写作飞蛭，一种四翼飞虫。蜚，小飞虫，蜻类，体椭圆，有恶臭，食稻花。蛭，环节动物，体长而扁平，常见的有蚂蟥、水蛭等。至于蜚蛭，由于材料有限，已经无法考证到底是现在的什么昆虫了。

琴虫，一种蛇兽合体的怪蛇，兽首蛇身。郭璞注："亦蛇类也。"郝懿行补注："南山人以虫为蛇，见《海外南经》。"

大人国即巨人国，《海外东经》已有所阐释，这里不再赘述。

鲧攻程州之山，郭璞注："皆因其事而名物也。"郝懿行补注："程州，盖亦国名，如禹攻共工国山之类。"

从衡天山到先槛大逢山：
叔歜国 颛顼 猎猎 北齐国

大荒之中，有山名曰衡天。有先民之山。有槃木[①]千里。

有叔歜国[②]，颛顼之子，黍食，使四鸟：虎、豹、熊、罴。有黑虫如熊状，名曰猎猎[③]。

有北齐之国，姜姓，使虎、豹、熊、罴。

大荒之中，有山名曰先槛大逢之山，河济所入，海北注焉。其西有山，名曰禹所积石。

注释

①槃（pán）木：盘曲的大树。 ②叔歜（chù）国：古国名。③猎（jiè）猎：动物名。

译文

大荒之中，有座山叫衡天山。还有座山叫先民山。有一棵盘曲的树木占地千里。

有个国家叫叔歜国，那里的人是颛顼的后裔，以黄米为食，能驱使四种野兽：老虎、豹子、熊和罴。有一种黑色的野兽和熊相似，名叫猎猎。

有个国家叫北齐国，那里的人都姓姜，能驱使老虎、豹子、熊和罴。

大荒当中，有座山叫先槛大逢山，是黄河水和济水流经之地，海水从北面灌注

猎猎

到这里。它的西边也有座山，名叫禹所积石山。

衡天山，因无相关信息，所以无法考证。不过，有学者从山名来进行分析。衡，在这里大概是古代天文仪器中用于观测星辰定位的衡管。据《尚书·舜典》记载："在璇玑玉衡，以齐七政。"七政即日月和金木水火土五大行星。因此，衡天山应该是一处天文观测点，而后文所说的先民、槃木大概也和天文观测活动有关。

叔歜，从字面理解有心平气和之意，名为"叔歜国"大概是说这个国家比较平和，不喜欢战争。尽管热爱和平，但叔歜国却并非软弱之辈，他们也能够驱使虎、豹、熊、罴四兽。并且，在这个国家里还有一种名为猎猎的熊形黑兽。

"有北齐之国，姜姓"，郝懿行注："《说文》云：'姜，神农居姜水以为姓。'《史记·齐太公世家》云：'姓姜氏。'案《大荒西经》有西周之国，姬姓，此有北齐之国，姜姓，皆周秦人语也。"

齐国是我国历史上从西周到春秋战国时期存在的一个诸侯国，公元前1046年，姜子牙辅佐周武王灭商后，被周天子封为侯爵。然而，经文中所说的北齐国，应当早于周分封的齐国。

从阳山到儋耳国：
始州国 毛民国 大禹 均国 役采
修鞈 绰人 儋耳国 禺强

有阳山者。有顺山者，顺水出焉。有始州之国，有丹山。
有大泽方千里，群鸟所解。

有毛民之国，依姓，食黍，使四鸟。禹生均国，均国生役采，役采生修鞈^①，修鞈杀绰人。帝念之，潜为之国，是此毛民。

有儋耳之国^②，任姓，禹号子，食谷。北海之渚中，有神，人面鸟身，珥两青蛇，践两赤蛇，名曰禺强。

①修鞈（gé）：人名。　②儋（dān）耳之国：古国名。

有座山叫阳山。有座山叫顺山，顺水从这里发源。有个国家叫始州国，那里有座山叫丹山。

有一大泽方圆千里，是各种禽鸟脱去旧羽毛再生新羽毛的地方。

有个国家叫毛民国，那里的人都姓依，以黄米为食，能驱使四种野兽。均国是大禹的儿子，役采是均国的儿子，修鞈是役采的儿子，修鞈杀死了绰人。大禹怜悯绰人，暗中帮绰人的后裔重建国家，这就是毛民国。

有个国家叫儋耳国，那里的人都姓任，是禹号的后裔，以各种农作物为食。在

儋耳国人

北海的岛屿上，有一位神，长着人的面孔、鸟的身子，耳朵上穿挂着两条青蛇，脚底下踩踏着两条红蛇，名叫禺强。

在《海外北经》中我们曾经对禺强的身份做了认真的挖掘与详细的讲解，但关于他的风神、瘟神的身份并没有展开，这里再做进一步说明。

据《淮南子·地形训》记载："隅强，不周风之所生也。"《史记·律书》当中的记载是："不周风居西北，主杀生。"从这里可以看出，禺强的风（来自西北）与灾病有关（能够传播瘟疫），如果遇上它刮起的西北风，将会受伤，所以西北风也被古人称为"厉风"。

另外，《庄子·逍遥游》中说："鹏之徙于南冥也，水击三千里，抟扶摇而上者九万里，去以六月息者也。"描述了大鹏在从北往南飞时引起大风的景象。

值得注意的是，这里对于禺强的记载和《海外北经》的记载略有不同。不同的地方就在于在《海外北经》里面禺强踩着的是两条青蛇，而在《大荒北经》当中则是踩着两条红色的蛇。

在《列子·汤问》中，还有一段关于禺强的小故事，这里顺便给大家讲一下。

禺强

　　据说，在渤海的东面有一个很大很大的沟壑，名字叫归墟。地面八极、天空八方中央的流水，以及银河的流水，最终全都会流到那里，但那里的水既没有增加，也从来不会减少。

　　那里的海面上有五座仙山：第一座叫岱舆山，第二座叫员峤山，第三座叫方壶山，第四座叫瀛洲山，第五座叫蓬莱山。每座仙山高低延伸周长达三万里，山顶上的平坦处也有九千里。山与山之间距离达七万里，但彼此却是邻居。山上的楼台宫殿全部由金银珠宝建成，山上的飞禽走兽都是一样的纯白色。珠玉宝石之树长得密密麻麻，花朵与果实的味道都很鲜美，吃了它们就可以长生不老。

　　住在那里的人都是神仙圣人，一天一夜就能飞过去又飞回来的人，数也数不清。不过，五座山的根部并不相连，经常跟随潮水的波浪上下移动，没有办法稳定。神仙和圣人们都对这件事感到惊恐，于是便报告了天帝。天帝担心这五座山流到最西边去，使众多的神仙与圣人失去居住的地方，于是命令禺强指挥十五只大鳌抬起脑袋把这五座山顶住，分为三班，六万年一换。

　　这五座山终于稳定下来不再移动。但是没过多久，龙伯国出现了一个巨人，他抬起脚没走几步就到了这五座山所在的地方，一钩就钓上了六只大鳌，合起来背上就回到了他们国家，然后烧大鳌的骨头来占卜吉凶。于是岱舆和员峤二山便流到了最北边，沉入了大海，神仙和圣人流离迁徙的多得要用亿数来计算。

天帝知道了这件事后很生气，于是逐渐缩小了龙伯国的国土，使它越来越狭窄，还逐渐矮化了龙伯国的百姓，使他们越来越矮。但是据说，到伏羲、神农时代，那个国家的人仍然有几十丈高。

北极天柜山：九凤 彊良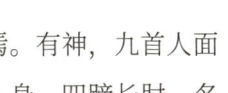

大荒之中，有山名曰北极天柜，海水北注焉。有神，九首人面鸟身，名曰九凤。又有神衔蛇操蛇，其状虎首人身，四蹄长肘，名曰彊良。

大荒之中，有座山名叫北极天柜山，海水从北面灌注到这里。有一位神，长着九个脑袋，每个脑袋都是人的面孔，长着鸟的身子，名叫九凤。又有一位神，嘴里衔着蛇，手中握蛇，长着老虎的脑袋、人的身体，有四只蹄子和长长的臂肘，名叫彊良。

虽然我们不知道《山海经》里的北极天柜山具体位置在哪，但说到九凤，就不得不跟楚地联系起来。

楚人自古便有崇凤的传统，身为楚人的屈原在其作品中多次写到凤凰。如《离骚》中便有这样的句子："吾令凤鸟飞腾兮，继之以日夜；飘风屯其相离兮，帅云霓而来御。"屈原之后，同为楚人的宋玉承袭了老师咏凤的传统，在《九辩》中反复以鸾凤喻贤者失时，被凡禽所喻指的奸邪排挤："凫雁皆唼夫粱藻兮，凤愈飘翔而高举。""众鸟皆有所登栖兮，凤独遑遑而无所集。"此外，在先秦典籍中，多有楚人将凤比作杰出人物的记载。如《论语·微子》中，楚狂人接舆就对孔子作歌云："凤兮凤兮！何德之衰？往者不可谏，来者犹可追。已而已而！今之从政者殆而！"

楚人崇凤的心理也得到了考古资料的证明。比如，1949年2月在长沙陈家大山发掘到的龙凤帛画；1963年和1971年在湖北江陵两次发现的凤踏虎架鼓、长沙马王堆汉墓的非衣帛画等，都是著名的发现。尤其是马王堆帛画，在天堂正中人面蛇

九凤

身主神周围，就有几只大鸟环绕。而画面中部天堂入口处，也有一只鹰嘴人面怪鸟和两只长尾凤鸟。这与屈原诗中描写的意境十分相似。至今，崇凤心理在民间审美情趣中还占有重要地位。

说完了"凤"，我们再来说说"九"。在楚文化中，崇"九"的传统也很明显。屈原的十分有名的系列作品就叫作《九歌》，另外他还有一个作品叫《九章》，而宋玉则有《九辩》。此外，《楚辞》中还有许多地方用到"九"字，如九天、九畹、九嶷、九坑、九河、九重、九子、九则、九首、九衢、九合、九折、九年、九逝、九关、九千、九侯。甚至连帝颛顼的后宫，也是"九嫔"，可见"九"在楚地信仰中影响之大。

说了这么多，大家自然能够想到，九凤肯定也出自楚地。有人考证，《山海经》中这个人面鸟身而九首的九凤，就是楚人先祖所崇拜的一个半人半鸟的图腾形象，同时也是我国九头鸟形象的最早原型。

关于九凤，还有一个传说。

据说，九凤原本有十个脑袋，因为周公太讨厌它了，就拉起弓箭射下它的一个头。被射下的那个头不断滴血，伤口无法愈合。为了维持性命，九凤只能通过不断吞噬魂魄来维持自己的生命。九凤本是火神祝融的真身，是尊贵的凤凰，但是周公这一射，就将神鸟变成了凶鸟。那么，为什么周公会讨厌九凤呢？那是因为楚人"不服周"。

周武王灭亡商朝，成为天下共主，开始分封诸侯。他封的自然都是自己的嫡系血脉，但当时的楚王却是一个例外。楚王是当地的首领上位，所以在周天子眼里楚地就是蛮荒之地，楚人就是"蛮人"。这样想来，周天子自然就看不上楚国，楚国自力更生，一样也看不上周天子，向来不服管教，而九凤又是楚国的象征，所以才有了周公射鸟一说。

中国还有句俗话，直接透露了九凤与楚地的关系，叫作"天上九头鸟，地下湖北佬"。据说这句话和张居正有关。张居正曾经向皇帝推荐了九位监察御史，这九个人可谓是刚正不阿、大公无私，贪官污吏因此对他们恨之入骨，恰好他们都是湖北籍，所以就咒骂成"天上九头鸟，地下湖北佬"。虽然这似乎是一句咒骂的话，但

反过来恰恰也是对湖北人正直能干的一种肯定。

那么话说回来，这九凤到底是真有其物呢，还是仅仅只是一个图腾呢？事实上，这一直是人们争论不休的话题，尤其是在近二三十年来，国内报刊频繁报道湖北恩施、湖南石门等地有人亲眼见过九头鸟的消息，愈发引起了国内外的关注。

近年来，有人宣称在中国湖北省的神农架地区发现过九头鸟。1993年9月15日上午，湖北省恩施市南坪河乡鹰子尖村民张承文在神农架砍柴时，忽然感到天空刮起一阵风，继而一团黑乎乎的东西停在一棵大树上，他抬头一看，是一只比非洲鸵鸟还要大的怪鸟。

这鸟的长相十分怪异，根据张承文的形容：这只鸟的大头上面还长着一串小头，每个头上都有鼻子和眼睛。当时张承文见了吓得魂飞魄散，拔脚就跑。回到村子里，张承文将见到怪鸟的事情告诉了父亲，父亲也神秘地告诉他，这种九头鸟很久前就有人见过，但大家都认为这是灾祸，不敢讲出来。

动物学家认为，九头鸟应该只是一个传说。但除了张承文，神农架林区松柏镇堂房村村民张新全也称自己见到过九头鸟，他的描述和张承文的基本吻合。为了验证此事，中国组织了科学考察队前去神农架探秘，但目前还没有什么发现。如果有进一步的发现，那它不但会揭开神话的谜题，也会为生物工程学做出巨大贡献。

从成都载天山到无肠国：
夸父 后土 信 应龙 蚩尤
无肠国 无继国

大荒之中，有山名曰成都载天。有人珥两黄蛇，把两黄蛇，名曰夸父。后土生信，信生夸父。夸父不量力，欲追日景，逮之于禺谷。将饮河而不足也，将走大泽，未至，死于此。应龙已杀蚩尤，又杀夸父①，乃去南方处之，故南方多雨。

又有无肠之国，是任姓。无继②子，食鱼。

注释

①又杀夸父：先说夸父因追太阳而死，后又说夸父被应龙杀死，这是神话传说中的分歧。　②无继：即无启国。无启就是没有子孙后代。但这里说无肠国人是无启国人的后裔，不知何故。

译文

大荒之中，有座山叫成都载天山。有一个人耳朵上穿挂着两条黄蛇，手上握着两条黄蛇，名叫夸父。信是后土的儿子，夸父是信的儿子。夸父自不量力，想要追赶太阳的光影，打算在禺谷追上它。夸父想喝水解渴，喝干了黄河的水却还不能解渴，于是他想去喝大泽的水，还未走到，便渴死在成都载天山。应龙杀了蚩尤后，又杀了夸父，他因神力耗尽上不了天，就去南方居住，

所以南方的雨水特别多。

又有个国家叫无肠国，那里的人都姓任。他们是无继国的后裔，以鱼为食。

无肠国

在前面，我们曾经简略地讲了黄帝与蚩尤的战争。事实上，这场战争持续了很多年，期间双方各有胜负。但在最初的时候，黄帝实际是处于劣势的，接连吃了几个败仗，被蚩尤的大军追着打，黄帝相当狼狈。

据说，蚩尤和黄帝一样，也并非凡人，他有呼风唤雨、吹烟喷雾的本领。当双方战斗得正激烈的时候，蚩尤突然使用法术，造出了漫天的大雾，黄帝的军队被围困在中央，不辨东西南北。

在这样一片白茫茫的大雾中，那一个个铜头铁额、头上生角的蚩尤或隐或显，时出时没，逢人便砍，见人就杀，黄帝的军队被弄了个人仰马翻、狼奔虎窜。黄帝想带领军队逃出大雾，可是因为分辨不出方向，冲杀了半天，却只是在原地打转。

在这生死存亡的关键时刻，黄帝的臣子"风后"受北斗星的启发，运用自己的本领在战场上制造出了一辆"指南车"。这车子的前面，有一个铁质的小仙人，伸出手臂，正指向南方。靠着这辆车子的指引，黄帝终于率领军队冲出了大雾的重围。

黄帝一路退败，一直退到了泰山。泰山是一片广阔土地上最高的山，山上云雾缭绕，像是仙境。但是，因为山很高，所以山上冷得刺骨。军队冷得受不了。这时，黄帝的老师玄女出面了，她教大家把山上的树叶变成衣服，然后让大家穿上抵御寒冷。此外，玄女还教将士们学会调节自己的呼吸，伸展自己的身体，帮助他们像鸟一样轻松地飞起来，躲避在昏暗的雾气中。

　　黄帝知道这样下去不是办法，于是便将军队指挥权暂时交给手下大将力牧，而他自己则跟随老师玄女学习了一套玄女兵法。黄帝学会这神奇奥妙的兵法后，从此行军布阵变化高深莫测。同时，黄帝又得到了像昆吾山的火一样的红铜，用来打造宝剑。这种宝剑造成之后，就变成青色，寒光四射，如水晶般透明，又无比锋利。

　　黄帝得到了兵法，又得到了武器，一时间军威大振，再加上应龙和干旱之神女魃的助力，战局随之发生了变化。在这种情况下，蚩尤不得不求助外援，他的求助对象便是北方的夸父族。

　　这夸父族是一个巨人族，住在北方大荒中一座叫作"成都载天"的山上，族人个个身材魁梧，力大无穷，耳朵上挂两条黄蛇，手里还握着两条黄蛇。这族中曾经出过一个追赶太阳的伟大英雄，我们在《海外北经》的"夸父逐日"中曾经讲过，这里就不再赘述。

　　要说这夸父族，如果追根溯源的话，他们其实是大神后土的子孙，而后土又是炎帝的苗裔，所以归根结底和蚩尤算是同宗同族。蚩尤征战黄帝，打的便是为炎帝报仇的幌子。当蚩尤派人来到成都载天向夸父族请求助战时，夸父族内部就出现了不同的意见，有的人认为应该出战，因为毕竟是为了他们的祖神炎帝，而反对者则指出炎帝并不支持蚩尤发动战争。最终，夸父族有一部分人投入了战争的旋涡，而另一部分则选择留在族中。尽管如此，蚩尤一方的实力还是迅速壮大起来，又和黄帝的军队势均力敌、相持不下了。

黄帝对于夸父族加入蚩尤一伙十分恼火，不过他有玄女兵法，又有寒冰宝剑，所以也并不畏惧。最终，双方在涿鹿这个地方展开了决战。蚩尤族和夸父族的人虽然勇猛有余，但智慧不足，敌不过黄帝的谋略，终于还是失败了。

在最后一场战争中，蚩尤和夸父剩下的队伍被黄帝的军队重重包围。这时黄帝阵中的神龙"应龙"大显神威，他翱翔天空，嘎嘎地怪叫，杀死了一个个无路可逃的蚩尤族人，又杀死了许多作为帮凶的夸父族人。黄帝的军队合围上来，那个"力拔山兮气盖世"的铜头铁额的蚩尤首领，也没有逃脱被活捉的命运。

但建立了如此功勋的应龙，却因为法力消耗太大（也有人说是受了邪气的浸染），再也上不了天了。于是，他就只好悄悄地去到南方的山泽里居住，所以至今南方多雨。

从共工之臣到不句山： 共工 相繇 大禹 群帝

共工臣名曰相繇，九首蛇身，自环，食于九山。其所歍[①]所尼[②]，即为源泽，不辛乃苦，百兽莫能处。禹湮洪水，杀相繇，其血腥臭，不可生谷；其地多水，不可居也。禹湮之，三仞三沮，乃以为池，群帝因是以为台。在昆仑之北。

有岳之山，寻竹生焉。

大荒之中，有山名曰不句，海水北入焉。

注释

①欨：呕吐。 ②尼：止。

译文

共工有一位臣子叫相繇，长了九个头，身体像蛇一样盘旋成一团，霸占九座神山的食物供其食用。他所呕吐和停留的地方，就会变成大沼泽，味道不是辛辣就是很苦，各种野兽都不能居住。大禹堵塞洪水时，杀死了相繇，相繇的血又腥又臭，以致他死亡之地不能种植谷物，当地还经常出现水灾，人不能够居住。大禹堵塞了那些土地，多次堵住，又多次塌陷，于是就把该地挖成了大水塘，诸帝用挖出来的土建成祭台。祭台在昆仑山的北面。

有座山叫岳山，高大的竹子就在这里生长。

大荒之中，有座山叫不句山，海水从北面灌注到这里。

根据描述，我们可以断定，这里的相繇就是《海外北经》中的相柳。禹杀相柳的故事我们已经讲过了，这里就不再赘述。

事实上，鲧禹治水的故事有很多个版本，前三册我们根据《山海经》的具体内容，也零零星星讲了不少，但都是治水过程中的一些奇遇段落，现在就站在历史的角度，整体讲一讲这个故事。

尧帝在位的时候，发生了巨大的洪水灾害，洪水泛滥，人们无家可归。为了生存，有的人像鸟儿一样在树梢上筑巢，有的人学野兽在山顶的洞里生活，还有的人干脆就在木筏上安家，随着水流四处漂荡……

　　但是，一旦风雨来临，这些简陋的住所就很容易被淹没。没有地方居住的飞禽走兽，还会跑过来和人们争夺地盘。因此，人们的生活充满了危险，随时都有可能丧命。

　　不仅如此，还有更可怕的事情。由于洪水长时间都不消退，庄稼地里长满了野草，人们赖以生存的食物越来越少。衰弱的灾民们除了要忍受饥饿、疾病和寒冷的折磨，还要随时提防毒蛇猛兽的侵害，每天都过着悲惨和可怕的日子。

　　仁慈的尧帝看到人们受苦，心里非常难过。他召集文武百官来商讨如何对付这可怕的洪水。最后，他命令禹的父亲鲧去治理洪水。

　　鲧得到这个任务后，非常高兴，因为他觉得这是尧对他的信任，所以他治水也算尽心尽力。可惜的是，他没有找到正确的方法。鲧的治水方法是看到哪个地方发洪水，就迅速赶过去，命令人们用泥土和石块堵住洪水的去路。如果只是一个地方洪水泛滥，这样做是有效的，但是当时的情况是全国的江河湖泊都在泛滥，所以鲧的方法没有起到作用。就这样，鲧用"堵"的方法治水治了九年，还是没有一点成效。

　　舜继位之后，看到这种劳而无功的情况，一怒之下就把鲧流放到了羽山（今江苏省东海县附近）。各地的人听到鲧被流放的消息之后，都称赞舜的英明。后来，鲧死在了流放地，临死之前，鲧对自己的儿子禹说："一定要治好水患，也算是为家族挽回一点面子。"

　　禹看到天下人们的苦难生活，就主动请命去治理洪水。开始的时候，他也效仿父亲采取填埋堵塞的方法：修建万里长堤坝，把汹涌澎湃的洪水挡在堤外，使洪水不再肆意逞凶，然后用泥土把堤内填满，积水在泥土中干涸，这样出现在人们面前的就是一大片起伏的原野了。

人们看到原野出现在眼前，非常高兴，心中燃起了新的希望，纷纷从藏身的山洞和树梢上下来。但是，江河上游的水才被止住，下游的水就开始肆意泛滥了，如此一来，住在下游的人们生活得就更悲惨了。不仅如此，一到下大雨的时候，被堵住的洪水更加凶猛，修建的堤坝一下子就被冲垮了。

大禹

看来，填埋堵塞的方法难以遏制汹涌的洪水。禹并不灰心，他认真总结治水失败的教训，率领一批忠实助手，跋山涉水、顶风冒雨到洪灾严重的地区进行勘察，了解各地山川地貌，摸清洪水流向和走势，制订了统一的治水规划。在做好这些准备工作后，他展开了大规模的治水工作。

禹认为，治水失败主要是因为填埋堵塞的方法没有根据水流规律因地势的不同进行疏导，一旦洪水冲垮堤坝，所做的一切就会前功尽弃。于是，他大胆改用疏导和堵塞相结合的新办法，将路上的深渊用泥土填平，然后率领大家挖掘河道，把洪水引导到江海中。最终，这个方法有效制止了洪水的泛滥。

为了彻底解除洪水的威胁，禹开掘了三百条大河、三千条支流、不计其数的小沟渠。他不辞辛劳地到处观察河道、地形，在外治水十三年，有三次路过家门，但为了工作一次也没有进去。

　　因为常年在沼泽地带奔波，禹消瘦了，皮肤也晒黑了，手上还长满了老茧。长期的劳累和浸泡，使他脚底布满了血泡。忙碌的工作使他连束发的簪子和帽子掉了也顾不上收拾，泥泞沾满了布鞋也没时间整理。人们见心目中的英雄这样辛苦，都感到非常心痛。

　　最后，禹用堵塞和疏导相结合的方法，平息了洪水。大功告成，他又带领人们重建家园，使天下的人民安居乐业。

　　这时，舜帝渐渐老了，天下百姓都拥戴禹继承帝位。舜帝同样被禹身上的品德深深感动了，就把帝位让给了禹，还送给他一块叫作玄圭的上方下圆的黑色玉石。

　　禹当上天子之后，九州的地方官送来许多铜，禹就命令工匠把铜铸成九个宝鼎，并在鼎上刻绘各种毒虫、野兽和妖魔鬼怪的图像，好让人们在生活中提防被这些东西伤害。后来，人们为了感谢禹，就将这些宝鼎称为"禹鼎"。

系昆山：
黄帝 女魃 蚩尤 应龙
风伯 雨师 叔均

　　有系昆之山者，有共工之台，射者不敢北乡。有人衣青衣，名曰黄帝女魃①。蚩尤作兵伐黄帝，黄帝乃令应龙攻之冀州之野。应龙畜水，蚩尤请风伯雨师，纵大风雨。黄帝乃下天女曰魃，雨止，遂杀蚩尤。魃不得复上，所居不雨。叔均言之帝，后置之赤水之北。叔均乃为田祖②。魃时亡之。所欲逐之者，令曰："神北行③！"先除水道，决通沟渎。

①女魃（bá）：亦作"女妭"，神话中的旱神。 ②田祖：主管田地之神。 ③北行：指回到赤水之北。

　　有座山叫系昆山，山上有共工台，射箭的人因敬畏共工的神灵而不敢朝北方射箭。有一个人穿着青色衣服，名叫黄帝女魃。蚩尤兴兵攻打黄帝，黄帝命令应龙到冀州的原野去攻打蚩尤。应龙蓄水备战，而蚩尤请来风伯和雨师，制造了一场大风雨。

黄帝就降下名叫魃的天女助战，风雨就被止住了，于是应龙得以杀死蚩尤。魃因神力耗尽而不能再回到天上，她居住的地方总不下雨。叔均将此事禀报给黄帝，后来黄帝就把魃迁徙到赤水的北面。叔均成了主管田地的神。魃经常逃亡，想要将她赶走的人，便大声祷告："神啊，请回赤水北边去吧！"祷告之前要先清理水道，疏通大小沟渠。

　　黄帝在打败蚩尤之后，成了中央天帝，他设立了五种官职分别管理天、地、神、祇和物类，并任用了一大批德行兼备、能力非凡

的手下，使其各司其序，世界不再混乱。黄帝的政策英明仁慈，在他统治时期，大多风调雨顺，天下太平，人民过着和平幸福的生活。然而，这样的美好却不属于女魃。

　　黄帝能取得对蚩尤战争的胜利，有两个最重要的大功臣，一个是应龙，一个是女魃。前面我们曾经讲过，在战争的最后关头，蚩尤用狂风暴雨攻击黄帝大军，而干旱女神施展神力，刹那间烈日当头，热浪滚滚，风雨全消，黄帝趁势一鼓作气，打败了蚩尤。

女魃

　　这位干旱女神就是女魃，她其实原本是黄帝的女儿，常穿一件青色的衣服，性格温良贤惠，容貌美丽动人，但是她和应龙一样，在与蚩尤的战斗中用力太猛，神力耗尽，身体受到严重损害，结果再也无力飞上天空，只好留在地上。事实上，与应龙相比，女魃的遭遇更加凄惨，因为她原本美丽的容貌不见了，变得奇丑无比，而且还秃头。这对一个原本美艳动人的女神来说，简直是一种毁灭性的打击。

　　由于女魃居住的地方，常常是旱云千里，滴水不降，于是附近的人都非常痛恨她，称她为"旱魃"，千方百计地驱逐她。她被赶来赶去，到处躲避。后来，周民族的始祖后稷的孙子叔均向黄帝述说了女魃在人间的悲惨遭遇，黄帝便把她安置在赤水以北的地方，并让她永远待在那里，不许乱跑。

可是，由于女魃长期以来过着游荡的生活，不习惯固定地待在一个地方，因此，尽管黄帝不让她乱跑，她还是常常东游西荡，到处奔走。这样，老百姓又要遭受旱灾。据说，只要人们向她祝祷说："神啊，快到你赤水以北的家去吧！"她便自感惭愧，迅速回到她的老家，人们也就不再遭受旱灾的威胁。

南方因为有应龙所以多雨，而北方因为有了女魃的居留，所以常闹旱灾。后来聪明的人民想出一个办法，每逢闹旱灾的时候，就集合众多的人来扮作应龙的模样，在地面上舞蹈，据说竟也因此常引来雨水。

除了《山海经》，其他文献中关于旱魃的记载还有很多，而且随着时间的推移，其形象也不断变化。先秦至汉代的旱魃形象以天女形象为代表，人们将其视为旱神，但又以日晒、水淹、虎食等方式对其进行驱逐，以实现驱旱求雨的目的。自汉代中后期至明初，旱魃逐渐向小鬼形象过渡。产生这种变化的原因，主要是自然神崇拜逐渐衰退，旱魃神性的一面逐渐被人们否定。

有人把"旱魃"说成是一只怪兽。比如，汉代的《神异经》中就说魃"长二三尺，裸身，而目在顶上，走行如风"，并说魃出现的地方必定大旱，只要捉住这怪兽将其投入厕所，旱灾就能被消除。清代文学家袁枚在《子不语》中，也说旱魃是"猱形披发，一足行"的怪兽，只要捉住它烧死，就能除旱致雨。同时期的纪晓岚在《阅微草堂笔记》中说："近世所云旱魃，则皆僵尸，掘而焚之，亦往往致雨。"

也有人把"旱魃"说成妇女生出的妖怪，如宋人朱彧在《萍洲可谈》中说，民间传说有的妇人能生下像鬼一样的妖怪，如果不捉住它，它就会飞走，这就是旱魃。因此，要消除旱灾，必须将生

了妖怪的妇女捉住，押到神坛上曝晒，或者向她身上泼水。比如，有一年中原地区大旱，有人说某家的妇女生了旱魃，于是众人便将她揪了出来，一起向她身上泼水，谓之"浇旱魃"。事实上，这并不是什么除旱求雨，而是借机报复。

　　还有的将死人的骨骸当作"旱魃"，如汉代大儒董仲舒在其《春秋繁露·求雨》中说，求雨时须"取死人骨埋之"。传说东汉河南尹周畅为解除旱情，便将洛阳城边一万多具客死者的骨骸妥善埋葬，结果如愿得雨。由此可见，当时人们已把尸骨同旱灾联系在了一起。大约至明代，尸骨也便成为旱魃了。

　　在山东省各地，过去每遇干旱，人们把新埋的尸体当旱魃打的风俗也十分普遍。人们常唱着这样一首捉旱魃的歌谣："烧死你旱魃！烧死你旱魃！我田地的禾苗要成长，我山上的树木要成行！我要五谷丰登仓廪满！我要六畜兴旺无虫蝗！我要云要雨要风调雨顺！我要吃要喝要清水满缸！我村子里的子孙祈雨求龙王，我献上猪、牛、羊……"边唱边到处寻找新埋的坟茔，将尸体挖出来暴打并焚毁。

　　在过去严禁掘人坟墓的时代，打旱魃往往会成为某些人报私仇、泄私愤的借口。如今，已经没有多少人再相信旱魃之类的鬼话了，而是大量修建水利工程来科学防旱抗旱。

从深目民国到融父山：
深目民国 赤水女子献 犬戎 黄帝
苗龙 融吾 弄明 戎宣王尸

有人方食鱼，名曰深目民之国，盼①姓，食鱼。

有钟山者。有女子衣青衣，名曰赤水女子献②。

大荒之中，有山名曰融父山，顺水入焉。有人名曰犬戎。黄帝生苗龙，苗龙生融吾，融吾生弄明，弄明生白犬，白犬有牝牡③，是为犬戎，肉食。有赤兽，马状无首，名曰戎宣王尸。

注释

①盼（fēn）：姓氏。 ②赤水女子献：献为魃的异文，当为"赤水女子魃"。 ③牝牡（pìn mǔ）：泛指与阴阳有关的雌雄、男女等，这里指公母。

译文

有人正在吃鱼，这个国家叫深目民国，这里的人都姓盼，以鱼为食。

有座山叫钟山。有一个穿青色衣服的女子，名叫赤水女子魃。

赤水女子献

　　大荒当中，有座山叫融父山，顺水流入这里。有一种人名叫犬戎。黄帝生了苗龙，苗龙生了融吾，融吾生了弄明，弄明生了白犬，白犬有一公一母，便生成犬戎族人，他们吃肉类食物。有一种红色的野兽，形状像马却没有脑袋，名叫戎宣王尸。

　　深目民国，就是《海外北经》中的深目国。郭璞注："亦胡类，但眼绝深，黄帝时姓也。"袁珂注谓"黄帝时姓"或作"黄帝时至"。有专家据此推断，在上古时期曾有西方人迁徙到中国。

　　关于犬戎的来历，我们在前面的《海内北经》曾经讲过一个盘瓠的传说，认为犬戎是七彩犬盘瓠的后裔。在这里，《山海经》正式给出了犬戎的谱系，认为他们是黄帝的族裔。传说原本错综复杂，经常相互串接，所以这也并有什么好奇怪的。

　　袁珂认为，此处的犬戎神话或许与《海内经》所记"黄帝生骆明，骆明生白马，白马是为鲧"有关，二者可能是同一个神话的分化。同时，他还进一步指出："此经'马状无首，名曰戎宣王尸'之'犬戎之神'，其遭刑戮以后之鲧

乎？不可知已。"

关于这个"戎宣王尸"，学界颇有争议。除了袁珂所认为的"遭刑戮以后之鲧"，主要还有两个观点，一种认为他应该是犬戎国所信奉的神，另一种认为他应该是被盘瓠所杀的房王，房王即戎王。后一种观点似乎更合理一些。

关于"白犬有牝牡"，郭璞注："言自相配合也。"郝懿行注："《史记·周本纪》正义、《汉书·匈奴传》注引此经并作白犬有二牝牡，盖谓所生二人相为牝牡也。《藏经》本作白犬二犬有牝牡，下犬字疑衍。"

从齐州山到中輢国：
少昊子 无继民 中輢国 颛顼

有山名曰齐州之山、君山、鬵山①、鲜野山、鱼山。

有人一目，当面中生。一曰是威姓，少昊之子，食黍。

有无继民，无继民任姓，无骨子，食气、鱼。

西北海外，流沙之东，有国曰中輢②，颛顼之子，食黍。

注释

①鬵（qián）山：古山名。　②中輢（biǎn）：古国名。

译文

有几座山分别叫齐州山、君山、鬶山、鲜野山、鱼山。

有一种人只有一只眼睛，长在面孔的中间。还有一种说法认为他们姓威，是少昊的后裔，以黄米为食。

有一种人叫无继民，无继民都姓任，是无骨民的后裔，以空气和鱼为食。

在西北方的海外，流沙的东面，有个国家叫中𪉖国，那里的人是颛顼的后裔，以黄米为食。

我们知道，黄帝有二十五个儿子，其中长子玄嚣和次子昌意是元妃嫘祖所生，而昌意生下了颛顼（一说，昌意生韩流，韩流生颛顼）。《山海经》中没有提到过玄嚣，但多次提到少昊。实际上，少昊就是玄嚣。

很多古籍中都曾提到，黄帝把帝位直接传给了颛顼，就连《史记》都说："黄帝崩，葬桥山。其孙昌意之子高阳立，是为帝颛顼也。"然而，河南省新郑市的一则民间故事却告诉我们，少昊也曾经登临帝位。我们不妨来看一下这个故事。

河南省新郑市城南关外，有一条清澈见底、滚滚东流的河，当地人称它"双洎河"，传说这条河还跟黄帝选择继承人有关呢。

话说，黄帝一百岁那年，觉得自己年事已高，便想着选一个贤能的人来接替自己。这天，他把风后、岐伯、力牧等一干老臣叫来道："咱们都是土埋住脖子的人了，体力、精力都不行了，得选个接替的人啊！"岐伯说："你有二十五个儿子，挑一个好的就行了。"黄帝摇头道："老子有了功业，不等于儿子有功业。为了保住这千秋功业，咱们得把这天下交给那真正有本事的人。"

少昊之子

要找到真正有本事的人，就得测试。于是，黄帝下令，公开张榜，天下有贤能的人都可以应试。测试分为文、武、德三科。测试日期一到，全国四面八方来了成千上万的人。黄帝、风后、岐伯等亲自监试。结果测到最后就只剩下了两个人，少昊和昌意。

黄帝把两个儿子叫过来，每人交给他们一个宝葫芦，说道："这两个宝葫芦，只要一打开，就能流出三丈宽、一丈深的一股水来，一直流二百里才能流干。从嵩山南坡到东边的颍水是三百里远，你们每人拿一个葫芦，从嵩山脚下放出水来，谁能让这二百里的水量流三百里远，谁就能接替王位。"

少昊和昌意都是争强好胜的人，谁也不甘示弱，他们带着葫芦来到嵩山脚下，一个站在山崖南边，一个站在北边，各自把葫芦打开，放出水来，只见那清亮亮的水从山坡上飞流直下，就像两条大河，滚滚往东流去。

　　这两股水穿峡谷，越平地，结果正如黄帝所说，只流了二百里就干涸了。两人焦急地各自抱着葫芦摇了又摇，仍然不见一滴水。没有办法，两人只得又把水收回到葫芦里，再次试验。

　　一次、两次、三次……

　　两天之内，两人试了无数次，全都和第一次一样，以失败告终。第三天，少昊来找昌意，说道："弟弟，我想出一个妙法，保准成功。"昌意连忙问："哥哥，你有什么办法？"

　　少昊道："弟弟，你想想看，一个葫芦单独能流二百里，如果两个葫芦合到一块儿，就能流四百里，而从嵩山脚下到颍水才三百里，何愁流不到呢？"昌意一听，恍然大悟，抱住哥哥连声笑说："妙！真妙！"

　　当即，兄弟两人便一齐上山，同时打开葫芦，水流有百十里路，两股便汇流在一起，直入颍河，顿时颍河水量大涨，向东流去，从此后永不枯竭。兄弟二人把黄帝和众前辈请来。黄帝和臣僚们一瞧，都高兴地连声称赞："好！好！真是后生有为！"

　　黄帝将两兄弟叫到一起，语重心长地说道："这件事告诉我们一个道理：两股水汇流一处，水量就越来越大，永不枯竭；两股水一分开，就没有多大劲了。百条江河能汇成大海。这就如同治国，人心不齐，百事无成；万众一心，上下一致，国家才会越来越强大。你们兄弟两人，不管谁接替王位，都要带领百姓，同心协力把国家治理好。"

　　少昊和昌意听了父亲的教诲，都深以为然，纷纷表示让对方接替王位。黄帝看二人都有诚意，就说让少昊接王位，昌意辅佐，两人共商国家大事。

　　少昊年老之后，看到昌意的儿子颛顼有才能，就把帝位传给了自己的侄子颛顼。

　　后来，人们就把少昊葫芦里流出的那段河叫溱水，把昌意葫芦里流出的那段河叫洧水，把两河汇流后流经新郑市城南关的那一段叫"双洎河"。

从赖丘国到衡石山：
赖丘国 犬戎国 犬戎 苗民
颛顼 骥头

　　有国名曰赖丘。有犬戎国。有人，人面兽身，名曰犬戎。

　　西北海外，黑水之北，有人有翼，名曰苗民。颛顼生骥头，骥头生苗民，苗民厘姓，食肉。有山名曰章山。

　　大荒之中，有衡石山、九阴山、灰野之山，上有赤树，青叶赤华，名曰若木。

译文

　　有个国家叫赖丘国。还有个国家叫犬戎国。有一种人，长着人的面孔、野兽的身子，名叫犬戎。

　　在西北方的海外、黑水的北面，有一种人长着翅膀，名叫苗民。颛顼生了骥头，骥头生了苗民，苗民都姓厘，吃的是肉类食物。有一座山叫章山。

苗民

大荒之中，有几座山分别叫衡石山、九阴山、灰野山，山上有一种红色树木，有青色的叶子和红色的花朵，这种树叫若木。

根据历史记载，犬戎应该是我国古代一个部落名，居住在今天的陕西省、甘肃省一带，都城位于今甘肃省静宁县威戎镇。前面我们也曾讲过，犬戎曾直接导致西周王朝覆灭。

不过，《山海经》中的犬戎，似乎跟历史上的犬戎族不太一样。首先，《山海经》有两卷提到犬戎，一处是《海内北经》，另一处是《大荒北经》，这与史书上所记的被称为西夷的犬戎（位于西边）不同；其次，我们来看《山海经》的记载："犬封国曰犬戎国，状如犬。""有犬戎国。有人，人面兽身，名曰犬戎。"这里的犬戎人是半兽人，而史书上的犬戎族则无疑是位于西部的少数民族，是正常的人类。

事实上，《山海经》中的犬戎似乎更像是今天西方影视作品中提到的狼人。或许，我们可以从狼人传说当中找到一些犬戎的线索。

在民间，狼人是一个热门的话题。传说这种怪物平时从外表看与常人并无不同，但一到月圆之夜就会变身为狼。关于狼人的传说有这样一个故事。

犬戎国人

古世纪欧洲，大陆暴发瘟疫，人们纷纷死去。村落里一个名叫科维努斯的年轻人看到这样的惨状，为了生存下去摆脱瘟疫的困扰，经过研究生命的起源，得到启示，后来只有他一个人活了下来。科维努斯的后代一共有三位，不幸的是一位被染过病毒的蝙蝠咬伤，另一个被染了病毒的狼咬伤，只有一位是完整的以人的形态活了下来。由于染上病毒产生变异，一位成为吸血鬼的始祖，另一位成为狼人的始祖。从此狼人和吸血鬼便在欧洲流传开来。

15世纪的匈牙利国王也就是后来神圣罗马帝国日耳曼王朝的首领西吉斯蒙德，在1414年的大公会议上，促使教会正式承认了狼人的存在。到了16世纪，狼人的传说已经遍布了整个欧洲。

在16世纪，仅在法国就大约有三万人被认定为狼人或吸血鬼而被活活烧死。当时人们认为狼人很容易辨认，他们的眉毛连在一起、手掌多毛，以及他们的个性都非常孤僻，像个隐士等。由此可以看出当时欧洲社会中相貌异常的遗传病患者、对阳光特别敏感的白化症病人和一些迷失的、被抛弃的和被动物收养的野孩子都成了教会残暴政策的牺牲品。

目前，在全球范围内存在近百例"狼人"，他们全身96%以上面积覆盖着浓密的毛发，看上去非常像传说中的"狼人"。据报道，23岁的墨西哥男子丹尼·拉莫斯·戈梅兹出生后全身都被浓厚的黑色毛发覆盖，看起来就像传说中的恐怖"狼人"。他和26岁的哥哥拉里从小便被当成"怪物"，被关进笼子中四处展出。

其实，我们看到的狼人并不是什么怪物，实际上他们患有一种罕见的病症——先天性全身多毛症，也叫"狼人综合征"，和月亮以及狼没有任何联系，而是与基因有关。

先天性全身多毛症是一种极其罕见的先天性疾病，这种疾病会导致毛囊超负荷工作。在最严重的先天性全身多毛症患者身上，除了手心和脚底，全身其他地方都会长满稠密的体毛。而导致这种疾病出现的原因可能是基因突变，也可能是潜伏在人体内的一种非常古老基因的"苏醒"，从而导致人退化到人类多毛时代。在一些罕见的例子中，有的人会长出多个乳头，还有人脊柱末端会长出类似尾巴的突体。

多毛症有几种不同的类型，先天性多毛症患者身上的体毛没有颜色，精细松软，生长稠密，会伴随人一生。痣样多毛症患者身上的某个斑点或某个地方会长出过多的稠密体毛，而正常体毛则会围绕在斑点周围。后天性多毛症是在人出生后才出现的，这不同于出生前就出现的其他类型的那些多毛症。

据记载，法国国王亨利二世的宫廷中就曾出现过这样的狼人。1547年，一个看起来好像半人半兽的10岁男童被当作礼物送给了亨利国王。除了嘴唇和眼睛，男孩全身覆盖着长达4英尺的金黄色体毛。这个男孩的名字叫佩德罗·冈萨雷斯，出生在加那利群岛。后来，佩德罗娶了一位可爱的法国妇女，两人生了很多个孩子，其中（有）5个孩子继承了他的先天性基因缺陷。曾有很多油画都把绘画主题放在了这个奇异的家庭上，直到现在仍然有一些油画悬挂在奥地利茵斯布鲁克附近的阿姆布拉斯城堡中。

除了法国，在中国、波兰、德国、俄罗斯和墨西哥境内都发现过这种狼人。目前全世界只能找到19名还健在的多毛症患者。这种疾病可能比较轻，也可能比较严重，但严重的多毛症非常罕见。

科学家研究发现，先天性全身多毛症的根源在于患者体内17号染色体出现严重的变异，缺失了140万个DNA碱基对。先天性全身多毛症极其罕见，从中世纪以来仅有50个有关这种病例的记载，人类患多毛症的概率为十亿分之一。从人类久远的历史来看，曾经存在过很多生理上发生变异的个体，他们中的一些甚至具有某些方面的天赋。有时候，由于这些人的基因出现了某方面的"故障"，因此这些变异可能会遗传给下一代。

从牛黎国到章尾山：
牛黎国 无骨人 儋耳国 烛龙

有牛黎之国。有人无骨，儋耳之子。

西北海之外、赤水之北，有章尾山。有神，人面蛇身而赤，身长千里，直目正乘①，其瞑乃晦，其视乃明，不食不寝不息，风雨是谒②。是烛九阴，是谓烛龙。

①乘："朕"的假借音，缝隙。②谒："噎"的假借音，这里是吞食、吞咽的意思。

有个国家叫牛黎国。那里的人没有骨头，是儋耳国人的后裔。

在西北海之外、赤水的北面，有座山叫章尾山。有一个神人，长着人的面孔、蛇的身子，遍体红色，身长可达千里，双眼立着生长并且中间有一条缝，他闭上眼睛天下就是黑夜，睁开眼睛天下就是白昼，他不吃饭不睡觉不呼吸，只以风雨为食。他能

照耀一切阴暗的地方，所以称作烛龙。

我们在讲解《海外北经》时说过，牛黎国就是柔利国，因为那里的人"反踵，曲足居上"，所以此处经文说其"无骨"。关于"儋耳之子"，郭璞注："儋耳人生无骨子也。"

在这一节，我们重点介绍一下烛龙。这位山神，我们曾经在《西次三经》提到过，并指出，他就是那个和钦䲹一起杀死葆江的鼓的父亲。原文中说鼓"其状人面而龙身"，与其父亲烛龙的"人面蛇身"虽然表述不同，却是一样的形貌。后来，鼓和钦䲹一起被黄帝杀死，化作两只恶鸟。对于这件事，身为山神的烛龙并没有能力干预。

此外，烛龙也是《海外北经》所记载的烛阴神，其原文为："钟山之神，名曰烛阴，视为昼，瞑为夜，吹为冬，呼为夏，不饮，不食，不息，息为风，身长千里。在无臂之东。其为物，人面，蛇身，赤色，居钟山下。"

《海外北经》说是钟山，此处则说是章尾山，其实"钟""章"声近而音转，两座山是同一座山。

从经文所记看来，烛龙似乎并非一个小小的山神那么简单。他神通广大——睁眼就是白天，闭眼就是晚上，以风雨为食。那么，这个烛龙到底是何方神圣，为什么会有如此大的神通？对此，学界有三种说法，我们一一介绍给大家。

第一，太阳说。

该观点认为烛龙就是太阳。清人俞正燮首先提出这个观点，他在《癸巳存稿·烛龙》条备引古书烛龙之文，认为"烛龙即日之名"。

不过，反对这一观点的人指出，《天问》云："日安不到，烛龙何照？"《淮南子·地形训》谓："烛龙在雁门北，蔽于委羽之山，不见日。"《诗含神雾》云："天不足西北，无有阴阳消息，故有龙衔火精以照天门中。"这些都明确指出，烛龙所在的地方是日照不及的幽暗之域，所以烛龙并非太阳。

第二，火烛说。

姜亮夫在《楚辞通故·烛龙》中指出，烛龙即祝融之音转，烛龙传说即"祝融传说之分化"，又说："古人束草木为烛，修然而长，以光为热，远谢日力，而形则有似于龙。龙者，古之神物，名曰神，曰烛龙。"

反对者认为，"烛龙"与"祝融"固然声韵相近，但古籍中所记载的祝融事迹和烛龙全不相关，而以"烛龙"之名硬套"束草木为烛"之形，显然是附会之辞，故姜氏"火烛说"不可取。

第三，开辟神原型说。

这一观点是由袁珂提出来的，他认为烛龙照耀神话是后来盘古开天辟地神话的原型，是还未成型的开辟神。袁珂在《山海经校注》中指出："烛龙是原始的开辟神，任昉《述异记》：'先儒说：盘古氏泣为江河，气为风，声为雷，目瞳为电。'古说：'盘古氏喜为晴，怒为阴。'《广博物志》卷九引《五运历年纪》：'盘古之君，龙首蛇身，嘘为风雨，吹为雷电，开目为昼，闭目为夜。'信然。盘古盖后来传说之开辟神也。"

对于这一观点，反对者认为，盘古创世的神话出现较晚，据徐整称引"吴楚间说"，并云"南海有盘古氏墓""桂林有盘古氏庙"，说明盘古神话是魏晋间由南方民族传入的。此外，盘古的主要事迹为开辟天地和化生万物，烛龙却与创世没有任何关系。

烛龙在《山海经》中虽然出现次数不多，但因为其神通而受到世人重视，故有很多人研究，至于他到底从何而来，大家可以有自己的思考。

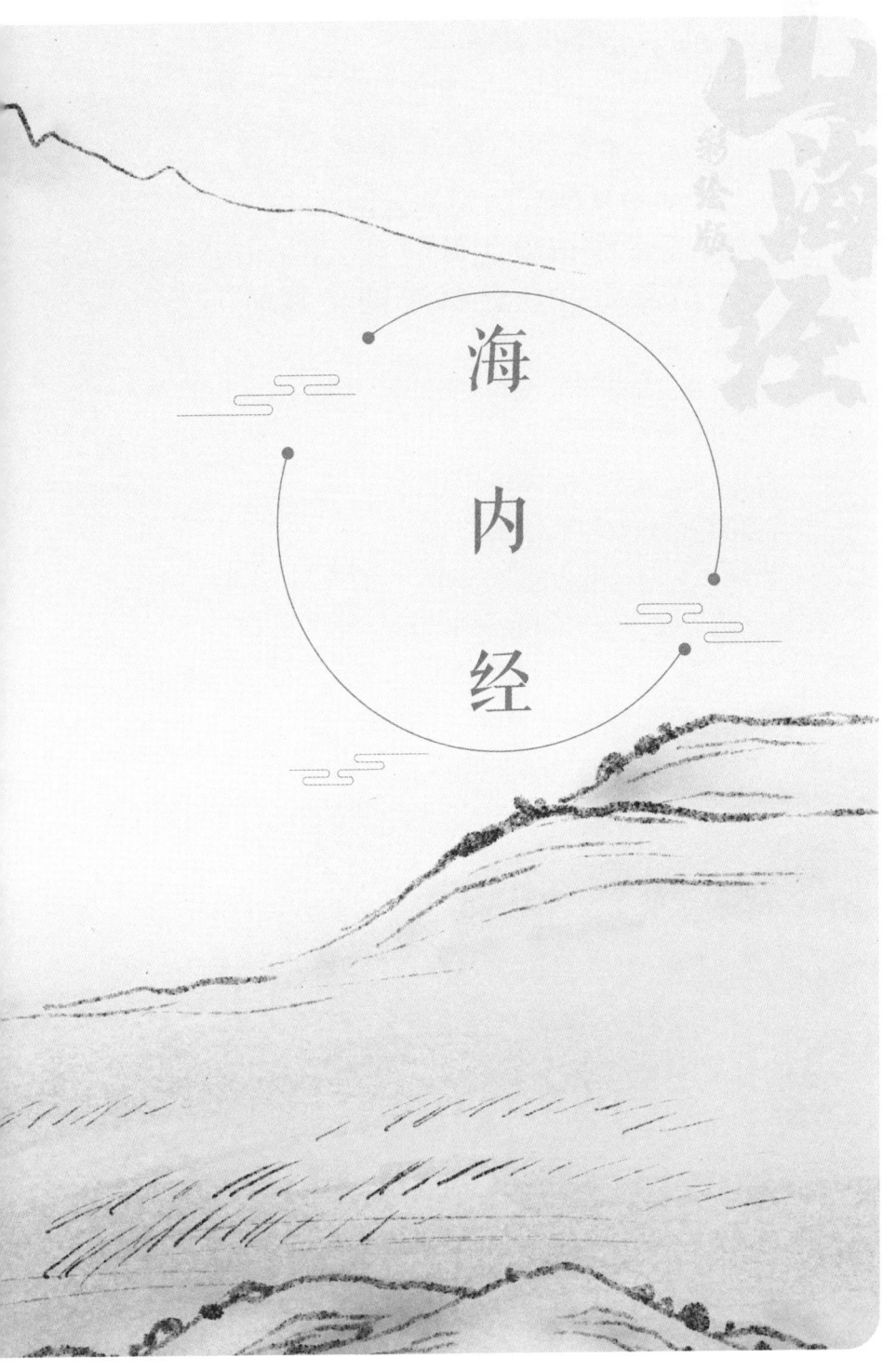

海内经

从朝鲜国到朝云国：
朝鲜 天毒 壑市国 氾叶国 朝云国 司彘国
黄帝 雷祖 昌意 韩流 阿女 颛顼

东海之内，北海之隅，有国名曰朝鲜；天毒，其人水居，偎人爱人。

西海之内，流沙之中，有国名曰壑市。

西海之内，流沙之西，有国名曰氾叶。

流沙之西，有鸟山者，三水出焉。爰有黄金、璿瑰[1]、丹货、银铁，皆流于此中。又有淮山，好水出焉。

流沙之东，黑水之西，有朝云之国、司彘之国。黄帝妻雷祖，生昌意。昌意降处若水，生韩流。韩流擢首、谨耳、人面、豕喙、麟身、渠股[2]、豚止，取[3]淖子曰阿女，生帝颛顼。

注释

①璿（xuán）瑰：美玉名。 ②渠股：即今天所说的罗圈腿。 ③取：通"娶"。

译文

在东海之内，北海的一个角落，有个国家叫朝鲜，还有一个国家叫天毒国，天毒国的人傍水而居，慈爱待人。

在西海之内，流沙的中央，有个国家叫壑市国。

在西海之内，流沙的西面，有个国家叫氾叶国。

在流沙的西面，有座山叫鸟山，三条河流都从这里发源。这里有黄金、璇瑰玉、丹货、银铁，全部产于这些河的沿岸。还有座山叫淮山，好水从这里发源。

在流沙的东面，黑水的西面，有国家叫朝云国、司彘国。黄帝的妻子叫雷祖，生了昌意。昌意从天上降到若水居住，生下韩流。韩流长着长长的脑袋、小小的耳朵、人的面孔、猪的长嘴、麒麟的身子、罗圈腿、小猪的蹄子，韩流娶淖子族中的阿女为妻，生下颛顼帝。

朝鲜在前面《海内北经》中曾经出现过，这里不再多说。至于天毒，学界普遍认为应该就是天竺，但是天竺即印度，在我国的西南方向，与经文所述方位不符。因此，有专家便指出当是经文有脱文讹字。此处经文或许可以断为两节，第一节："东海之内，北海之隅，有国名曰朝鲜。"第二节："（西海之内，南海之隅，有国名曰）天毒，其人水居，偎人爱人。"经文"偎人爱人"或作"偎人爱之"，与佛教主张的"慈悲为怀、怜爱众生"相符。

壑市，袁珂注曰："《水经注·禹贡山水泽地所在》云：'流沙在西海郡北，又径浮渚，历壑市之国。'"浮渚，有人认为即浮屠，代指印度。

氾叶，这个国家其他古籍没有记载，也没有注释，已经很难考

证。从字面来理解的话，"氾叶"是指漂浮的叶子，"氾叶之国"或指大海中的一个岛国，其外形特征就像漂浮的叶子。

关于鸟山，在《穆天子传》卷一中记有"天子之宝，玉果、璇珠、烛银、黄金之膏"，与鸟山的"黄金、璿瑰、丹货、银铁"相类似，郝懿行认为二者有一定关联。不过，此观点有附会之嫌。

在这一节，又涉及了黄帝的家世。前面我们曾经说过，黄帝有二十五个儿子，却没有交代他有多少妻子。据晋代皇甫谧在《帝王世纪》中的记载，黄帝一共立了四妃，除了元妃嫘祖，还有三个次妃，其原文为："元妃西陵氏女，曰螺祖（嫘祖），生昌意。次妃方雷氏女，曰女节，生青阳。次妃肜鱼氏女，生夷鼓，一名苍林。次妃嫫母，班在三人之下。"

嫘祖，即经文中的雷祖，有的书上也写作累祖。她是西陵氏之女，黄帝的元妃（即正妃）。据《史记·五帝本纪》记载，嫘祖给黄帝生了两个儿子："黄帝居轩辕之丘，而娶于西陵之女，是为嫘祖。嫘祖为黄帝正妃，生两子，其后皆有天下。其一曰玄嚣，是为青阳，青阳降居江水。其二曰昌意，降居若水。"

相传，嫘祖是一个非常贤德的女子，全力支持黄帝的事业。她本人非常聪明，是种桑养蚕的创始人。她教会人们养蚕缫丝，织成丝绸，做成漂亮的衣服，让人们从此不再衣不蔽体，史称"嫘祖始蚕"，后世人们因此把嫘祖奉为"先蚕圣母"。

经文中说"昌意降处若水，生韩流"，郭璞注："《竹书》云：'昌意降居若水，产帝乾荒。'乾荒即韩流也，生帝颛顼。"所谓"降处"即迁徙，这里的若水，据考证应当是今天四川省岷江的支流青衣江，韩流就是昌意和若水女子通婚的后裔。

青衣江，长江支流、岷江支流、大渡河支流，主源为宝兴河，发源于邛崃山脉巴朗山与夹金山之间的蜀西营（海拔4930米），流经宝兴，在飞仙关处与天全河、荥经河汇合后，始称青衣江，经雅安、洪雅、夹江于乐山草鞋渡处汇入大渡河。

至于韩流的奇怪长相——擢首、谨耳、人面、豕喙、麟身、渠股、豚止，应该是一种巫术活动中的装扮，这种装扮与前文中的"司彘国"相呼应，说明韩流的后裔应该是一个从事养猪行业的族群。大家不要小看这个行业，在当时养猪可是一项极为重要的工作，汉字的"家"就是在猪栏上加盖顶棚，而女子出"嫁"则表明当时最流行的嫁妆就是建造一座有顶棚的猪圈。

从不死山到都广野：
柏高 后稷 素女 鸾鸟 凤鸟 百兽

　　流沙之东，黑水之间，有山名不死之山。

　　华山青水之东，有山名曰肇山。有人名曰柏高^①，柏高上下于此，至于天。

　　西南黑水之间，有都广之野，后稷葬焉。其城方三百里，盖天地之中，素女所出也。爰有膏菽、膏稻、膏黍、膏稷，百谷自生，冬夏播琴。鸾鸟自歌，凤鸟自儛，灵寿实华，草木所聚。爰有百兽，相群爰处。此草也，冬夏不死。

　　①柏高：脱"子"字，当为"柏子高"。

　　在流沙的东面，黑水流经的地方，有座山叫不死山。

　　在华山青水的东面，有座山叫肇山。有个神人叫柏子高，柏子高在这里上上下下，直至到达天上。

　　在西南方黑水流经的地

方，有个地方叫都广野，后稷就被埋葬在这里。它的疆域方圆三百里，是天和地的中心，有名的神女素女便出现在这里，这里有膏菽、膏稻、膏黍、膏稷，各种谷物自然成长，冬夏都能播种。鸾鸟自由自在地歌唱，凤鸟自由自在地舞蹈，灵寿树开花结果，草木非常茂盛。这里还有各种野兽，群居相处。在这个地方生长的草，无论寒冬炎夏都不会枯死。

关于不死山，《水经注·禹贡山水释地所在》记载："流沙又历员丘不死之山西。"《博物志·物产》记载："员丘山上，有不死树，食之乃寿；有赤泉，饮之不老。"郭璞认为，经文中所说的不死山就是《水经注》与《博物志》中的员丘山。

柏高，又名柏子高、伯高、伯成子高、白子高、柏成子皋等，古籍中对于他的记载很多。

宋朝罗泌《路史·前纪六·柏皇氏》："尧治天下，有柏成子皋立为诸侯，尧授舜，舜授禹，柏成子皋辞为诸侯而耕。"

《渊鉴类函》卷三九二引《世语》曰："白子高少好隐沦之术，尝为美酒给道客。一旦有四仙人赍药集其舍求酒，子高知非凡，乃欲取他药杂之。仙人云：'我亦有仙药。'于是宾主各出其药。仙人谓子高曰：'卿药陈久，可服吾药。'子高服之，因随仙人飞去。"

北宋乐史《太平寰宇记》卷一〇七："有仙人白子高坛兼祠宇。曾有猛兽一睅目恒依此祠，不为人害。"

晋葛洪《抱朴子·嘉遯》："故漆园垂纶，而不顾卿相之贵；柏成操耜，而不屑诸侯之高。"

从以上材料，我们可以知道，柏子高应该做过诸侯，后来又改

做巫师，再后来便羽化成仙。

关于都广之野与后稷墓葬前三册已有详述，在此不做展开。

从黑水到禺中国：
禺中国 列襄国 蝡蛇

南海之外①，黑水青水
之间，有木名曰若木，若水
出焉。

有禺中之国。有列襄之
国。有灵山，有赤蛇在木上，
名曰蝡蛇②，木食。

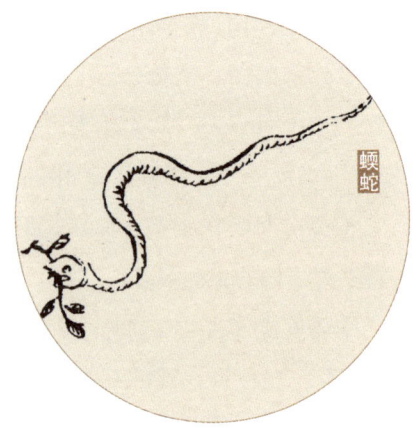

①南海之外：当为"南海之内"。②蝡（rú）蛇：一种红色的蛇。

在南海以内，黑水青水流经的地方，有一种树木叫若木，若
水就从这里发源。

有个国家叫禺中国。有个国家叫列襄国。有座山叫灵山，山
中有红色的蛇盘旋在树上，叫蝡蛇，它以树木为食。

对于"有木名曰若木，若水出焉"，袁珂注："《水经注·若水》云：'若木之生，非一所也，黑水之间，厥木所植，水出其下，故水受其称焉。'又云：'若水出蜀郡旄牛徼外，东南至故关，为若水也。'"在《大荒北经》中也有若木。

"禺"，猿猴类动物，从字面来理解的话，禺中之国可能有供奉猴神的习俗。

"列"为排列之意，"襄"有相助而成之意，从字面理解，列襄国应该是一个集体行动的国家。

蟒蛇

关于灵山，在《中次八经》和《大荒西经》都出现过，此处的灵山应当是《大荒西经》中的灵山。蟒蛇，是一种红色的神蛇，以木为食，不食禽兽。郭璞《图赞》曰："赤蛇食木，有夷鸟首。"

从盐长国到九丘：
盐长国 鸟氏 大皞 黄帝

有盐长之国。有人焉鸟首，名曰鸟氏。

有九丘，以水络之：名曰陶唐之丘、叔得之丘、孟盈之丘、昆吾之丘、黑白之丘、赤望之丘、参卫之丘、武夫之丘、神民之丘。有木，青叶紫茎，玄华黄实，名曰建木，百仞无枝，上有九欘[1]，下有九枸[2]，其实如麻，其叶如芒。大皞[3]爰过，黄帝所为。

①橚 (zhú)：弯曲的树枝。②枸 (jǔ)：盘错的树根。③大皞 (tài hào)：又叫太昊、太皓，即伏羲氏，传说中的上古帝王。

有个国家叫盐长国。这里的人长着鸟一样的脑袋，叫作鸟氏。

有九座山丘，都被水环绕着，名字分别是叫陶唐丘、叔得丘、孟盈丘、昆吾丘、黑白丘、赤望丘、参卫丘、武夫丘、神民丘。有一种树木，长着青色的叶子、

紫色的茎秆、黑色的花朵、黄色的果实，名叫建木，高达百仞，但是不长枝条，树顶上有很多蜿蜒曲折的树枝，树底下有很多盘旋交错的根节，它的果实像麻子，叶子像芒树叶。大皞凭借建木登上天界，那是黄帝制造的天梯。

大皞，又叫太昊、太皓，也就是伏羲。在整部《山海经》中，只有这一处提到伏羲。我们在《海内东经》讲过，雷神与华胥姑娘结合，生下了伏羲。

大概是遗传了父亲的特征，伏羲也是天生异相，长着人的

头，却是蛇的身子。他从生下来就拥有一股神力，能轻易搬动一块巨石。

那时候，天地之间有一个天梯，伏羲经常沿着天梯在天上和人间自由往来，而这个被伏羲当作天梯的，正是黄帝亲手种下的建木。

那时候，大自然的四季变化无常，自然环境十分恶劣。人们没有获得稳定的食物来源，常常饿肚子。伏羲就教他们用绳子交叉打结做成网，用它在水里捕鱼，在天空捕鸟，这样人们每天都可以吃到新鲜的食物。

在那个落后的远古时代，人们对大自然一无所知。为什么天上有云彩呢？为什么会下雨和下雪呢？为什么地上会刮大风、起大雾呢？人们都不知道这是怎么回事，很多人就去请教伏羲，但他也说不出是什么原因。

当人们提出越来越多的问题时，天生聪慧的伏羲坐不住了，他决定要把这一切都搞清楚。于是，他经常站在卦台山上，仰观天上的日月星辰，俯察周围的地形方位，有时还研究飞禽走兽的脚印和身上的花纹，想找出天气变化到底和周围的事物有什么关系。

有一天，伏羲在河边捕鱼时，抓住了一只肚皮通透的白龟。他想：这个世上白龟还真是少见啊！当年天塌地陷的时候，白龟老祖用它的四条腿做了天柱，救了天下苍生，后来就再也见不到了。难道这只白龟是白龟老祖的子孙？

于是，他决定把这只白龟养起来。他挖个了大坑，在里面灌满了水，把白龟放在坑里，每天逮些小鱼小虾放在坑里给它吃。

说来也真奇怪，自从把白龟养在那里之后，坑里的水一点都不脏，反而格外清澈。伏羲每次去喂这只白龟时，它都会游到伏羲跟

前，趴在坑边静静地等着。

　　伏羲对这只白龟喜欢极了，没事的时候就坐在坑沿边，一边看着白龟，一边想着这个世界上的难题。就这样，日子一天天过去了，伏羲和白龟建立了深厚的感情。

有一回，伏羲在坑沿边想着事情，突然发现白龟盖上的花纹，就随手在草地上折了一根草秆，比着白龟盖上的花纹在地上画。画着想着，想着画着，一画就画了九九八十一天，最后画出了一幅神奇的图。

伏羲用一通道当阳，一断道当阴，一阳二阴，一阴二阳，来回搭配，画来画去，画成了如今的八卦图。后来，他就用这个神奇的图来占卜吉凶和预测天气，帮助人们更好地生活。

为了纪念伏羲的这个重大发现，人们便把他养白龟的那个坑叫"白龟池"，画八卦的那个地方叫"画卦台"。

伏羲不仅发明了神奇的八卦图帮助人们占卜吉凶，还帮助人们降伏了一条恶龙。

那时候，在西边很远的地方有一座大山，山下有很深的水潭。潭里的水清澈见底，没有一点杂质，喝起来还带有一股甘甜味，附近的百姓都靠这潭里的水浇地、做饭过日子。但这样的日子却被改变了。

一天夜里，这个地方突然刮起了大风。这风异常凶猛，发出"呼呼呼"的吼声，一点也不像平时的风那样温和。百姓们害怕极了，全都躲在家里，抱着头坐着，谁也不敢出门。

风越刮越大，高大的树被连根拔起，石头被吹得四处滚动，连坚固的房屋都被摧毁了。百姓们再也不敢躲在家里了，他们吓得四处逃窜，急得像热锅上的蚂蚁，不知道要怎么办才好。

这到底是怎么回事？难道是妖怪作祟吗？

原来真的有妖怪！一条大黄龙不知道从什么地方飞来，钻进了深潭里，霸占了水潭当作自己的巢穴，也不让百姓们打潭里的水喝。

　　有一次，一个年轻的小伙子趁黄龙睡着的时候偷偷打了一桶水，但是很不幸，他被黄龙发现了。黄龙很愤怒，一口便把打水的小伙子吞进了肚子。

　　吞掉了小伙子以后黄龙并没有消气，而是觉得百姓对它不够敬畏，便决定给他们一些教训。于是，它破水而出，飞腾到半空中，对着人们居住的房屋猛吹气。它吹出的气化作一阵阵猛烈的狂风，摧毁了坚固的房屋，还把很多人吹到了半空中。

　　这还不止，凶残的黄龙又跑到人群中，吃掉了许多牲畜和百姓。可怜的百姓叫苦连连，就这样，富有的人都逃往了外地，而贫穷的百姓只能守着被破坏的家园战战兢兢地生活。

　　此时，伏羲正在八卦台推算八卦。他掐指一算，知道有条黄龙在西方作恶，那儿的百姓有大灾难。于是，他决定帮助百姓除掉那只作恶的黄龙。

　　伏羲拿起自己的青龙拐杖，说了一声"变"，青龙拐杖立刻变成了一条全身碧绿剔透的青龙。伏羲骑着这条青龙，越过高山，跨过大海来到了西边。

　　黄龙一见到青龙，就怒目相向，扑上去又撕又咬，滚作一团。两条龙打得天昏地暗，不分上下。只见黄龙伸出尖利的爪子扑向青龙，青龙急忙躲开。黄龙不甘心，张开大口向青龙喷出狂风，敏捷的青龙很快又躲开了。这可惹恼了黄龙，它发出"呼哧呼哧"的喘息声，又扑了上去，一点儿也不给青龙喘气的时间。

　　就这样一直打了九九八十一天，两条龙的体力都明显不支，可双方却都不愿停止打斗。后来，狡猾的黄龙趁着青龙不注意的时候重重咬伤了它。

　　眼看青龙就要失败了，伏羲赶紧用唾沫在青龙身上画了个八卦。

神奇的事情发生了！那八卦不仅治好了青龙的伤口，而且使青龙力气大增。此时的黄龙虽没有受重伤，却也被青龙打出多处轻伤，而且长时间的打斗已经耗费了它很多的力气。又打了七七四十九天以后，黄龙终于被青龙打倒了。

为了防止黄龙再出来祸害人间，伏羲就在黄龙身上画了一个八卦，将它变成一座山，又将青龙变成一座大青石，压在山顶上。从此之后，黄龙再也没有出来过，人们又过上了平静而快乐的生活。

从窫窳到朱卷国：
窫窳 猩猩 巴国 大皞 咸鸟 乘厘 后照 巴人
流黄辛氏国 朱卷国 黑蛇

有窫窳，龙首，是食人。有青兽[①]，人面，名曰猩猩。

西南有巴国。大皞生咸鸟，咸鸟生乘厘，乘厘生后照，后照是始为巴人。

有国名曰流黄辛氏，其域中方三百里，其出是尘。有巴遂山，渑水出焉。

又有朱卷之国。有黑蛇，青首，食象。

注释

①有青兽："青"为衍字，当为"有兽"。

译文

　　有一种野兽叫窫窳，长着龙一样的脑袋，能够吃人。还有一种野兽，长着人一样的面孔，名叫猩猩。

　　西南方有个国家叫巴国。咸鸟是大皞的儿子，乘厘是咸鸟的儿子，后照是乘厘的儿子，后照就是巴国人的始祖。

　　有个国家叫流黄辛氏国，它的疆域方圆三百里，这里出产尘。有座山叫巴遂山，渑水从这里发源。

　　又有个国家叫朱卷国。那里有一种黑色的蛇，长着青色的头，能吞食大象。

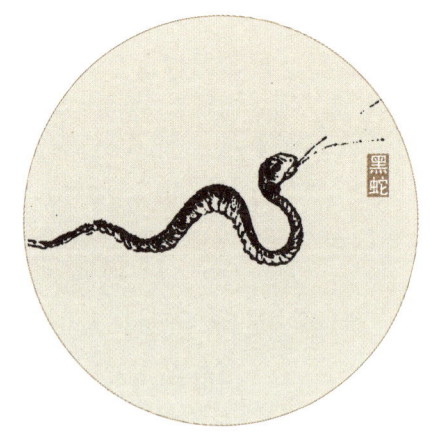

　　关于窫窳的故事，已经讲过很多，请参考《海内西经》，在此不再赘述。

　　猩猩，无疑就是《南山经》与《海内南经》中出现的"狌狌"，在此不再赘述。

　　巴人之名当得自大巴山，其活动区域包括大巴山及长江巫峡至重庆市一带。据考古发掘，巴国地区前文化发端于200万年前的旧石器时代早期，此后先民们就世世代代在湖北省、四川省的土地上生息繁衍。他们战天斗地，自强不息，创造了灿烂的巴文化。

　　《世本·氏姓篇》记载："廪君之先，故出巫诞。"《后汉书》："巴郡南郡蛮，本有五姓，巴氏、樊氏、瞫氏、相氏、郑氏，皆出

于武落钟离山。其山有赤黑二穴，巴氏之子生于赤穴，四姓之子皆
生黑穴，未有君长，俱事鬼神。"此后，巴氏子务相经过一番较量，
成为五姓首领，名为廪君。后来巴氏廪君的势力逐渐发展，便率领
五姓沿夷水（今清江）向西发展，到盐阳（今盐井寺），射杀征服
了盐阳女部落，后又向川东扩展，控制了这一地区，发展为一个廪
君时代的巴氏族。据传说，廪君死后魂魄化为白虎，后代以奉祀，
故巴人崇拜白虎，以白虎为图腾。

夏朝时，巴人建立巴国，国都初为夷城（今湖北省恩施州），后
迁丹山（今四川省叙永县）。商朝至西周时期巴国都城在巫山，即今
天重庆市巴州区。春秋时期巴、楚战争频繁，巴多败，都城被迫多
次向西迁移。春秋中期，一位巴王在征讨楚国的战争中俘虏了一名
楚国女子而分裂出充国。

此处经文所记，大概是巴人在廪君之前的一段历史谱系。我们
前面说过，大皞即伏羲，但其实对此也有一些小争议。据袁珂注：
"大皞，吴任臣、郝懿行注均以为即伏羲，是也。然大皞（太皞、
太昊）与伏羲在先秦古籍中，本各不相谋，至秦末汉初人撰《世
本》，始以太昊与伏羲连文，而为大昊伏羲氏。故《吕氏春秋·孟春
纪》云：'其帝太皞。'高诱注：'太皞，伏羲氏。'或即本于《世本》
之说也。此经无伏羲而唯有大皞，若非大皞、伏羲各不相谋，即作
者直以大皞为伏羲矣。从其发展观之，后者之可能性尤大。"

流黄辛氏，郭璞注："即鄷氏也。"流黄鄷氏国在前面的《海内
南经》曾经出现过，此外《南次二经》中有"柜山，西临流黄"指
的也是这个国家。

朱卷国，其意不详，可与蛇的卷曲状有关。黑蛇，即《海内南
经》所说食象的巴蛇，不再赘述。

从赣巨人到嬴民：
赣巨人 黑人 蛇 嬴民 封豕

　　南方有赣巨人①，人面长唇，黑身有毛，反踵，见人则笑，唇蔽其面，因即逃也。

　　又有黑人，虎首鸟足，两手持蛇，方啖之。

　　有嬴②民，鸟足。有封豕。

　　①赣（gàn）巨人：传说中的怪人。②嬴（yíng）：古姓氏。

　　南方有一种赣巨人，长着人的面孔，嘴唇很长，遍体漆黑，长满长毛，脚尖朝后而脚跟朝前，看见人就会发笑，嘴唇能遮住他的面孔，人就可以趁此逃走。

　　又有一种黑人，长着老虎一样的脑袋和禽鸟一样的爪子，两只手握着蛇，正在吞食它们。

黑人

有一种人叫赢民，长着禽鸟一样的爪子。还有大野猪。

赢民

《海内南经》有关于枭阳国的记载，与此处的赣巨人相似："枭阳国在北朐之西，其为人人面长唇，黑身有毛，反踵，见人则笑，左手操管。"二者可以并在一起讲述。

从《海内南经》中可以看出，赣巨人并非单一怪人，而是一个群体，乃至一个种族。这些身形巨大的毛人，很容易让我们想到神农架野人的传说。

神农架位于湖北省西北部，东与湖北省襄阳市保康县接壤，西与重庆市巫山县毗邻，南依兴山、巴东而濒长江三峡，北倚十堰市房县、竹山县，远眺武当山风景区。在当地，有不少关于野人的传说，其中比较著名的便是"女野人传说"。

1915年，神农架边缘地带的房县，有个叫王老中的人，他以打猎为生。一天，王老中进山打猎，中午吃过干粮，抱着猎枪在一棵大树下休息。不一会儿，他就迷迷糊糊地睡着了。蒙眬中，他听到一声怪叫，睁眼一看，有一个2米多高、遍身红毛的

赣巨人

怪物已近在咫尺。他那只心爱的猎犬早已被撕成了血淋淋的碎片。王老中惊恐地举起猎枪……

没想到红毛怪物的速度更快，瞬间跨前一大步，夺过猎枪，在岩石上摔得粉碎，然后，笑眯眯地把吓得抖成一团的王老中抱进怀中……

王老中迷迷糊糊中，只感到耳边生风，估计红毛怪物正抱着自己在飞跑。不知翻过多少座险峰大山，最后他们爬进了一个悬崖峭壁上的深邃山洞。王老中渐渐地清醒过来，这才看清红毛怪物的胸前有两个像葫芦一样大的乳房。他立刻明白了，这个怪物原来是个女野人。

白天，女野人外出寻食。临走的时候，她会搬来一块巨石堵在洞口。晚上，女野人便抱着王老中睡觉。

一年后，女野人生下一个小野人。这个小野人与一般小孩相似，只是浑身也长有红毛。小野人长得很快，身材高大，力大无穷，已能搬得动堵洞口的巨石了。王老中思念家乡的父母和妻儿，总想偷跑回家，无奈巨石堵死了他的出路。因此，当小野人有了力气后，他就有意识地训练小野人搬石爬山。一天，女野人又出去寻找食物，王老中便用手势让小野人把堵在洞口的巨石搬开，然后爬下山崖，带着小野人蹚过一条湍急的河流，往家乡飞跑。就在这时，女野人回洞发现王老中不在洞里，迅速攀到崖顶嚎叫。小野人听到叫声，野性大发，边嚎边往回跑。由于小野人不知河水的深浅，一下子就被急流卷走了。女野人惨叫一声，从崖顶一头栽到水中，也随急流而去。

已不成人形的王老中逃回家中，家人惊恐万状，竟不敢相认。原来他已失踪十几年了，家人都认为他早已死了。

这个离奇的传说，似乎说明野人真的存在，而且能与人类婚配。此外，在神农架附近的巫山县也流传着一个类似的"猴孩"的故事。

在巫山县当阳乡的一个山村，有个叫桃花嫂的女人，她32岁时，有一天上山给丈夫送饭，一去便不复返。过了30多天，她才衣衫褴褛地回到家。

第二年的4月，桃花嫂生下了个像猴子似的孩子。这孩子很奇特，两个月就长牙，常常咬破妈妈的乳头，指尖似爪，直到五六岁才学会摇摇晃晃地直立行走，见人便"嘿嘿嘿"笑个不停，不会说话，偶尔会"呷！加上！哦，哦，哦！"叫唤几声。

随着年龄的增长，这孩子的野性变得更加明显。他常年不穿衣服，不盖被子，喜欢把衣服、被子撕得粉碎，还喜欢爬梯子，而且像猴子一样动作敏捷，上上下下，钻来钻去，有时候还头朝下倒滑下来，当地人称其为"猴孩"。

"猴孩"性情粗野，见客人到家就会猛扑过去，连抓带咬，爬山、过沟坎如履平地，只吃生食，见到树林就狂喜乱奔。家里人怕他生事，就用绳子终日捆住他的手脚。这让他精神上受到很大压抑，终日闷闷不乐，有一回，他不小心被火盆中的火烧伤屁股，之后身体日渐虚弱，最终去世。

虽然这些传说与《山海经》中的记载有些出入，但是一些基本的特征还是相同的，比如身形高大，浑身长毛，见人发笑等。

事实上，关于神农架野人并非仅仅存在于传说中，从1974年到1981年，中科院就曾先后三次组织专家对神农架进行大规模的科学考察，并获取了奇异毛发、脚印、粪便和睡窝等间接材料。

在湖北省委和中国科学院的领导下，1977年组织了中华人民

共和国成立以来最大的野人考察队。考察队员是来自北京、上海、陕西、四川、湖北等省市的科研机构、大专院校、博物馆、动物园的专业人员，武汉33700部队派出了侦察支队，房县和神农架林区派出了熟悉情况的干部和向导。这次考察历时140天，足迹遍布神农架及其周围方圆1500多平方千米的深山峡谷，获得了大量资料。

1977年6月19日晚，"野考"一队李健（湖北省原郧阳地委宣传部副部长）接到一个紧急电话，说房县桥上公社群力大队女社员龚玉兰和她4岁的儿子杨明安在水池垭路遇野人。在龚玉兰的带领下，科考队员找到野人蹭痒的那棵大松树，并在那棵树上取下几十根棕褐色的毛。毛是从1.3米到1.8米高处的树干上找到的。从形状、粗细来看，与人的头发十分相似。后经武汉、北京等科研部门用显微镜观察，并与灵长目的动物——猕猴、金丝猴、白眉长臂猿、大猩猩、黑猩猩，以及现代人的毛发做比较，结果证明：野人毛主要形态结构特征明显不同于上述灵长目动物。之后又从7个地方找到了7份野人毛发，均是如此。

另一个有力的证据，就是化验野人的粪便。1976年11月前，在靠近神农架的房县蔡子洼东侧，曾有多人多次在这个地方发现过野人，考察队对这里进行了现场搜索，在山梁半坡一个陡崖顶部发现了野人的6堆粪便，都已干燥。经观察，有较多未消化的果皮、野栗皮等残渣，在萧兴扬发现野人的地方找到的粪便中，还发现大量昆虫蛹皮。粪便直径2.5厘米，这些粪便与熊、猴、猩猩的均不相同，并且又与人的粪便有所差异，人是不会吃昆虫与野果皮的。1980年，考察队又多次找到野人的粪便，经分析粪便内有未消化的竹笋、橡子和小动物的毛骨。粪便呈盘状，在两个呈八字形的脚印之间，这明显和其他动物大便方式不同，而与人相似。

大量的证据似乎都证明神农架野人确实存在，但至今却没有任何关于野人的影像资料，所以关于这一问题，还需要进一步研究。

从苗民到鸾鸟：
苗民 延维 鸾鸟 凤鸟

有人曰苗民。有神焉，人首蛇身，长如辕，左右有首，衣紫衣，冠旃①冠，名曰延维，人主得而飨②食之，伯③天下。

有鸾鸟自歌，凤鸟自舞。凤鸟首文曰德，翼文曰顺，膺文曰仁，背文曰义，见则天下和。

注释

①旃（zhān）：古代一种赤色曲柄的旗。这里指红色。 ②飨（xiǎng）：祭祀。 ③伯（bà）：古同"霸"，古代诸侯联盟的首领。

译文

有一种人叫苗民。苗民之地有一种神，长着人的脑袋和蛇的身子，身体很长，就像车辕，左右两边各长着一个脑袋，穿着紫色衣服，戴着红色帽子，名叫延维，君主得到它后加以奉飨祭祀，便可以称霸天下。

有鸾鸟自由自在地歌唱，有凤鸟自由自在地舞蹈。凤鸟头上的花纹是"德"字，翅膀上的花纹是"顺"字，胸脯上的花纹是"仁"字，脊背上的花纹是"义"字，它一出现就会天下太平。

延维

关于苗民，《大荒北经》也有记载："西北海外，黑水之北，有人有翼，名曰苗民。颛顼生驩头，驩头生苗民，苗民厘姓，食肉。"

这两处的苗民，指的都是三苗。关于三苗的来历，我们曾经在《海外南经》中的"奇相窃玄珠"的故事中讲过，认为三苗是由震蒙氏发展而来。在此之后，三苗多次见于史书，其中最重要的当然来自《史记》。

据《史记·五帝本纪》记载："驩兜进言共工，尧曰不可，而试之工师，共工果淫辟。四岳举鲧治洪水，尧以为不可，岳强请试之，试之而无功，故百姓不便。三苗在江淮、荆州数为乱，于是舜归而言于帝，请流共工于幽陵，以变北狄；放驩兜于崇山，以变南蛮；迁三苗于三危，以变西戎；殛鲧于羽山，以变东夷：四罪而天下咸服。"

从以上文字中，我们可以看出，苗民原本居住在北方，是中原民族中的一支，后来因为反对帝尧传位于舜，与丹朱一起被迫迁徙到南方荒蛮之地。

延维，又写作委维、委蛇，是传说中的泽中之神。袁珂注：

"闻一多《伏羲考》谓延维、委蛇，即汉画中交尾之伏羲、女娲，乃南方苗族之祖神，疑当是也。"据《大荒南经》记载："赤水之东，有苍梧之野，舜与叔均之所葬也。爰有文贝、离俞、鸱久、鹰、贾、委维、熊、罴、象、虎、豹、狼、视肉。"这里的委维应当就是延维的塑像或画像。

延维

此外，在《庄子·达生篇》中还有一个关于延维的小故事，这里一并介绍给大家。

在春秋时代，齐桓公有一次在沼泽地里打猎，由宰相管仲亲自为其驾车。突然间，齐桓公看见了一个鬼。他赶紧握着管仲的手，惊道："仲父，你看到什么了吗？"管仲回答："我什么也没有看到。"齐桓公回宫以后，吓得丢魂失魄，从此就病倒了，竟然几天卧床不起。

这时，齐国有个叫皇子告敖的读书人，主动求见齐桓公，对他说："这是您自己伤害了自己的身体，鬼怎么能伤害得了您呢？一个人的体内如果产生了怒气并且郁结起来，那么他的魂魄就会游离于体外而使人精神恍惚；怒气上升而不下降，人就会爱发脾气；怒气下降而不上升，人就会发生健忘；而如果这股怒气不上不下，恰好郁结在身体的正中，它就会伤害心脏，这时人就要生病了。"

齐桓公听完，半信半疑地问："那么，这世间到底有没有鬼

219

呢？"皇子告敖回答："有的！室内的鬼名叫履，灶房的鬼叫髻。院子里的粪土堆上，有个叫雷霆的鬼住着；在东北方的墙脚下，时常有倍阿鲑蠪之类的鬼出没；在西北方的墙脚下，则有泆阳鬼安家；水中的鬼叫罔象，丘陵的鬼叫峷，山上的鬼叫夔，原野上的鬼叫彷徨，而沼泽地里的鬼则叫委蛇。"

桓公打断了对方，焦急地问道："等一下，请问那委蛇长什么样子？"

皇子告敖回答："委蛇形状如蟒，粗若轮毂，长若车辕，紫衣红帽。这种东西怕听轰轰隆隆的雷声，或是车声。听见轰隆声，便直起身来，双手掩耳。委蛇是隐形的，常人俗眼休想看见，谁如果有幸看见委蛇，谁就能成为霸王。"

听到这里，齐桓公不禁开心畅笑，说道："我看见的就是这个！"于是他翻身下床，穿衣戴帽，与皇子告敖交谈终日，什么病也没有了。

从訛狗到苍梧丘：
訛狗 翠鸟 孔鸟 舜帝

又有青兽如菟，名曰訛狗①。有翠鸟。有孔鸟②。

南海之内，有衡山，有菌山，有桂山。有山名三天子之都。

南方苍梧之丘，苍梧之渊，其中有九嶷山③，舜之所葬，在长沙零陵界中。

①𪊣（jùn）狗：古兽名。 ②孔鸟：即孔雀鸟。③九嶷山：又名苍梧山，今位于湖南省永州市宁远县城南六十里。

又有一种像兔子的青色野兽，名叫𪊣狗。有翠鸟。还有孔雀鸟。

在南海以内，有座山叫衡山，有座山叫菌山，有座山叫桂山。还有座山叫三天子都山。

南方有一片山丘叫苍梧丘，有个深渊叫苍梧渊，在苍梧丘和苍梧渊的中间有座山叫九嶷山，舜帝就葬在这里。九嶷山位于长沙零陵境内。

𪊣狗，一种兔状的青兽，郝懿行注："《周书·王会篇》载《伊尹四方令》云：'正南以菌鹤短狗为献。'疑即此物也。"

翠鸟，袁珂注："《周书·王会篇》云：'仓吾翡翠。'《楚辞·招魂》：'翡翠珠被。'王逸注云：'雄曰翡，雌曰翠。'洪兴祖补注引《异物志》云：'翠鸟形如燕。赤而雄曰翡，青而雌曰翠，翡大于翠。其羽可以饰帏帐。'"

孔鸟，郭璞注："孔雀也。"《尔雅·翼》卷十三云："孔雀生南海，盖鸾凤之亚尾，凡五年而后成，长六七尺，展开如车轮，金翠煜然。始春而生，至三四月复凋，与花萼俱荣衰。"

三天子之都山，即在《海内南经》出现的"三天子鄣山"。

关于舜死葬在苍梧之野九嶷山的故事，已经详细讲述过，请参见《大荒南经》。

从蛇山到相顾尸：
翳鸟 巧倕 相顾尸

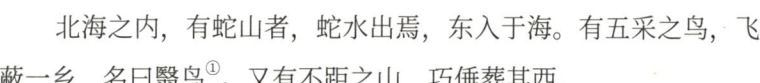

北海之内，有蛇山者，蛇水出焉，东入于海。有五采之鸟，飞蔽一乡，名曰翳鸟[1]。又有不距之山，巧倕葬其西。

北海之内，有反缚盗械[2]、带戈常倍之佐，名曰相顾之尸。

①翳（yì）鸟：传说是凤凰之类的鸟。 ②盗械：古时凡因犯罪而被戴上刑具就称作盗械。

译文

在北海之内，有座山叫蛇山，蛇水从这里发源，向东流入大海。有一种长着五彩羽毛的鸟，群飞时能遮蔽一个乡村的天空，这种鸟名叫翳鸟。还有座山叫不距山，巧倕便葬在不距山的西面。

在北海之内，有个人被反绑双手，身戴刑具，身上还佩带一把戈图谋反叛，他的名字叫相顾尸。

《海内北经》有蛇巫山，从方位来判断，与此处的蛇山应该是同一座山。不过，也有不同观点。

关于"翳鸟"，我们前面说过，《山海经》中的五采之鸟基本上就是凤凰一类的鸟，翳鸟也不例外。郭璞注："凤属也。《离骚》曰：'驷玉虬而乘翳。'"郝懿行注："《广雅》云：'翳鸟，鸢鸟，凤皇属也。'今《离骚》翳作鹥，王逸注云：'凤皇别名也。'"据资料记载，汉宣帝元康元年，有数万五色鸟在蜀国的都城上飞过，据说就是这种翳鸟。

在蛇山的旁边还有一座不距山，巧倕葬在它的西边。

关于巧倕，郭璞注："倕，尧巧工也；音瑞。"据此可知，巧倕是尧帝时期的工匠。

在其他古籍中，也有关于巧倕的记载，如《吕氏春秋·古乐》云："（帝喾命）有倕作为鼙、鼓、钟、磬、（吹）苓、管、埙、篪、鞀、椎钟。"据此知，倕又是尧的父亲帝喾的臣子。

在《海内经》后面的经文中有一条关于巧倕的记载："帝俊生三身，三身生义均，义均是始为巧倕，是始作下民百巧。"据此知，巧倕是帝俊族裔的一个能工巧匠，名叫义均。

在其他一些记载中，巧倕同时还是神农之臣、黄帝之臣。那么，为什么巧倕有这么多身份？对此，袁珂给了一个解释："其实倕乃舜子商均，即义均，亦即叔均，以传说演变无定，遂成歧出。"

事实上，巧倕最早可能是一个人，但后来他的族裔则演变成了古代一个工匠部落，他们的部落首领还担任历代管理百工事务的长官，相当于今天的工业部部长。"巧倕"这个名字，既是部落名称、部落首领名称，同时还是官职名称，它的产生最早应该源于线坠下垂，以及利用铅垂线测量等工艺技术。

相顾之尸，郭璞注："亦贰负臣危之类。"关于危和贰负杀害窫窳的事出现在《海内西经》中，其原文为："贰负之臣曰危，危与贰负杀窫窳，帝乃梏之疏属之山，桎其右足，反缚两手，系之山上木。"这段文字与此处的"相顾之尸"很像，应该是同一件事的异文。不过值得注意的是，《海内西经》所记似乎是说天帝只惩罚了危，而此处的"相顾之尸"则表明危和贰负一同被绑。

从伯夷父到幽都山：
伯夷父 西岳 先龙 氐羌 玄鸟 玄蛇 玄豹
玄虎 玄狐 玄丘民 大幽国 赤胫民

伯夷父生西岳，西岳生先龙，先龙是始生氐羌，氐羌乞姓。

北海之内，有山，名曰幽都之山，黑水出焉。其上有玄鸟、玄蛇、玄豹、玄虎、玄狐蓬尾。有大玄之山。有玄丘之民。有大幽之国。有赤胫之民。

西岳是伯夷父的儿子，先龙是西岳的儿子，先龙的后裔就是氐羌这个部族，氐羌人都姓乞。

在北海以内，有一座山叫幽都山，黑水从这里发源。山上有黑鸟、黑蛇、黑豹、黑虎和尾巴上毛发蓬松的黑色狐

狸。有座山叫大玄山。有一种人叫玄丘民。有个国家叫大幽国。有一种人叫赤胫民。

伯夷父，郭璞注："伯夷父颛顼师，今氐羌其苗裔也。"《吕氏春秋·尊师》云："帝颛顼师伯夷父。"《新序·杂事》云："颛顼学伯夷父。"

由以上资料，我们可以知道，伯夷父是颛顼的老师，同时还是氐羌族的祖先。

氐羌，是我国古代少数民族氐族与羌族的并称。据《诗·商颂·殷武》记载："自彼氐羌，莫敢不来享，莫敢不来王。"孔颖达疏："氐羌之种，汉世仍存，其居在秦陇之西。"《荀子·大略》："氐羌之虏也，不忧其系垒也，而忧其不焚也。"杨倞注："垒读为累。氐羌之俗，死则焚其尸，今不忧虏获，而忧不焚，是愚也。"

有学者根据殷商的甲骨卜辞发现，在商灭夏之后，西方与西

玄豹

玄虎

玄狐

北各部落方国随之臣服，但在
商代中晚叶，商代主要边患与
征伐方向都比较集中在西方和
西北方，主要方国有土方、羌
方、鬼方与周方等。

　　商朝不断向羌人的各部落、
方国进行征战，有时并非因为
被征伐的部落、方国有侵入与
掠夺行为，而是专为捕掠人口，
即"只羌"。此外，商朝还强迫
已被征服的部落、方国进贡人、
畜等，充分表现了商朝民族压
迫的特点。

　　关于幽都，《楚辞·招魂》
有一句相关的记载："君无下此
幽都些。"王逸注："幽都，地
下后土所治也，地下幽冥，故
称幽都。"在经文中所说的幽都山上，有玄鸟、玄蛇、玄豹、玄虎、
玄狐蓬尾，还有大玄山、玄丘民、大幽国、赤胫民等，其景象与
《招魂》所写的幽都很像，很可能就是幽都神话在古代的记载。说
白了，幽都山大概就是《山海经》时代的阴曹地府。

从钉灵国到伯陵：
钉灵国 炎帝 伯陵 吴权
阿女缘妇 鼓 延 殳

有钉灵之国，其民从厀以下有毛，马蹄善走。

炎帝之孙伯陵，伯陵同①吴权之妻阿女缘妇，缘妇孕三年，是生鼓、延、殳②。始为侯，鼓、延是始为钟，为乐风。

注释

①同：通"通"，私通之意。 ②殳（shū）：人名。

译文

有个国家叫钉灵国，这里的人膝盖以下的腿部都有毛，长着马蹄，善于快跑。

炎帝的孙子叫伯陵，伯陵私通吴权的妻子阿女缘妇，阿女缘妇怀孕三年，这才生下鼓、延、殳三个孩子。殳最初发明了箭靶，鼓、延二人发明了钟，创作了乐曲和音律。

在这一节，又出现了炎帝。不过，炎帝这次出现，稍微有点脸上无光，因为他的孙子伯陵给他抹黑了。

有人说，这里的吴权实际就是吴刚。因为妻子与伯陵私通，吴刚一怒之下杀了伯陵，从而惹怒了炎帝，被发配到月亮砍伐不死之树。但月桂树随砍即合，吴刚每砍一斧，斧子砍下的枝叶就会长回树上，经过了很久，吴刚仍然没能砍倒月桂树。吴刚的妻子心存愧疚，命她的三个儿子分别变成蟾蜍、兔和蛇飞上月亮陪伴吴刚。为了帮助父亲早日砍倒桂树，玉兔便不停地把砍下的枝叶捣碎。

当然，这应该是后人根据一些材料捕风捉影穿凿附会出来的故事。因为根据《山海经》记载，阿女缘妇的三个儿子，是她与伯陵生的，如果吴权真是吴刚，并且杀了伯陵，那么三个孩子即使不找吴刚报仇，也应该不会帮助他。事实上，伯陵与阿女缘妇的这三个孩子还算争气，都有所发明创造，像他们的曾祖炎帝一样，为人类的发展做出了极大贡献。

关于炎帝的贡献，前面我们曾经介绍过他教人们耕种五谷的事迹，被尊称为神农，这里再讲他另外一个巨大的贡献——尝百草、发明医药。

在上古时代，药物和百花是长在一起的，哪些草药可以治病，谁也分不清。如果人不小心得了病，没有医生也没有草药，即使不会死也要忍受很大的痛苦。

百姓的疾苦，神农看在眼里，急在心里。怎样才能为百姓减轻病痛的折磨呢？他一个人在屋里苦思冥想了三天三夜，终于想出了一个办法。

　　第四天，神农带着一批勇士和他的宝贝神鞭，从家乡出发，向西北大山走去。他们走呀走，腿都走得肿了起来，脚上也起了厚厚的茧子。不过，困难和痛苦并没有让他们停止前进的脚步，他们一直往前走，走了整整七七四十九天，才走到一个美丽的地方。这里的高山一峰接着一峰，峡谷一条连着一条。整座山上都长满了奇花异草，从很远的地方就能闻到一阵阵的香气。

　　神农他们正要往山上走去，突然，从峡谷中窜出来一群狼虫虎豹，将他们团团围住。

　　看到这么一大群野兽，神农心里也有点害怕，但他很快就镇定下来，并带领勇士们挥舞着神鞭，向野兽冲去。

　　野兽可真多啊！神农和勇士们打走一批，接着又涌上来一批，一直打了七天七夜，才把野兽赶跑。那些虎豹和蟒蛇的身上被神鞭抽出一条条伤痕，后来就变成了皮上的斑纹。

　　这时，有的勇士开始害怕了，说："这里太险恶了，我们还是不要向前走了，赶紧回去吧！"

　　神农摇摇头说："不能回！百姓们还在忍受病痛的折磨，我们还没有找到解决的办法，怎么能回去呢！"说完，便领头进了峡谷。

　　勇士们被神农的勇气鼓舞了。他们跟着神农一起进了峡谷，来到一座茫茫的大山脚下。这山真高啊！一半都插进了云彩里。这山又是那么凶险，山的四面都是光滑的山崖，山崖上长满了青苔，看来没有登天的梯子是上不去了。

　　"这么凶险的山，我看我们是没办法上去了，还是趁早回去吧！"

　　神农依然摇了摇头，说："不能回！我们怎么能空着手回去呢！"说完，他站在一座小石山上，对着高山，仔细地观察起来，试着找出爬上山的办法。

突然，有几只金丝猴，顺着高悬的古藤和横倒在崖腰的朽木，灵活地爬了下来。

神农灵机一动，有了！他把勇士们都喊了过来，吩咐他们砍木杆，割藤条，靠着山崖搭成架子。

就这样，勇士们从春天搭到夏天，再从秋天搭到冬天，不管是刮风下雨，还是飞雪结冰，从来不停工。整整搭了一年，搭了三百六十层，终于搭到了山顶上。

神农带着勇士们，攀着架子一步一步地爬上了山顶。山上真美啊！这里简直是一个花草的世界，红的、绿的、白的、黄的，各种各样的花密密葱葱。

神农高兴极了，他叫勇士们防着野兽的攻击，他亲自采摘花草，放到嘴里试尝。

有一次，他把一棵草放到嘴里一尝，霎时感觉天旋地转，一头栽到了地上。勇士们慌忙扶他坐起，他明白自己中了毒，可是他已经不会说话了，只好用最后一点力气，指指面前一棵红亮亮的灵芝草，又指指自己的嘴巴。勇士们慌忙把那棵红灵芝弄碎，然后喂到他的嘴里。

过了一会儿，神农的毒气解了，头不昏了，也会说话了。从此，人们都说灵芝草能起死回生。

神农尝完一山的花草，又到另一山去尝。遇到高山险恶无法攀登的时候，就用木杆搭架的办法，攀登上去。就这样，他一直尝了七七四十九天，踏遍了这里的山山岭岭，尝出了三百六十五种草药，写出了《神农本草经》，然后让他的勇士们带回去。而神农自己为了给天下百姓治病，减少他们的疾苦，仍然留在这个地方，继续寻找更多的奇花异草。

从黄帝到帝俊：
骆明 白马 帝俊 禺号 淫梁
番禺 奚仲 吉光

黄帝生骆明，骆明生白马，白马是为鲧。

帝俊生禺号，禺号生淫梁，淫梁生番禺，是始为舟。番禺生奚仲，奚仲生吉光，吉光是始以木为车。

译文

骆明是黄帝儿子，白马是骆明儿子，白马就是鲧。

禺号是帝俊儿子，淫梁是禺号儿子，番禺是淫梁儿子，番禺最初发明了船。奚仲是番禺儿子，吉光是奚仲儿子，吉光最早用木头制作出车子。

关于黄帝的内容，前面已经讲过很多，这里就不再赘述，只补充一点。在《大荒北经》中有一条记载："黄帝生……弄明，弄明生白犬，白犬有牝牡，是为犬戎。"与此处的"黄帝生骆明，骆明生白马，白马是为鲧"颇为相似，或许就是同一神的分化。前文的弄明就是这里的骆明，前文的白犬就是这里白马。

关于"帝俊生禺号，禺号生淫梁"，郝懿行注："《北堂书钞》一百三十七卷引此经淫作经。《大荒东经》言黄帝生禺䝞，即禺号也，禺号生禺京，即淫梁也，禺京、淫梁声相近；然则此经帝俊又当为黄帝矣。"

我们前面反复说过，帝俊和帝喾都是帝舜的分身，而此处又说帝俊是黄帝，这也太乱了吧？对此，袁珂给出了一个比较合理的解释，他在《山海经全译》中指出："黄帝即'皇帝'（古籍多互见无别），初本'皇天上帝'之义，而帝俊亦殷人所祀上帝，故黄帝神话，亦得糅混于帝俊神话中，正不必以禺号同于禺虢便以帝俊即黄帝也。"

当然，我们还可以有另外一种解释，即禺号原本并非人名，而是一个部落，最初属黄帝部落联盟，后来却转投帝俊部落联盟，因为帝俊部落联盟生活在东方沿海地区，有制作舟船的需要。

关于"吉光是始以木为车"，在经文中特别强调"以木为车"，说明在吉光之前曾经有过不用木头制作的车子，很有可能是石头车子，石头车子不仅笨重，而且制作起来很费功夫。古代车子最关键的部分是车轮，吉光"以木为车"，说明他可能解决了木头制作车轮的难题，发明了用车辐来支持使其更坚固耐用且轻便的木质车轮。

羿射九日：少皞 般 帝俊 羿

少皞生般，般是始为弓矢。

帝俊赐羿彤弓素矰①，以扶下国，羿是始去恤下地之百艰。

①彤（tóng）弓素矰（zēng）：弓和矰都是礼器。彤，红色。矰，古代用来射鸟的拴着丝绳的短箭。

般是少皞的儿子，他发明了弓和箭。

帝俊赏赐给大羿红色的弓和白色的短箭，以便扶助天下邦国，大羿开始体恤下民，并去除天下各种困苦。

关于大羿的故事，前面我们已经讲了"羿除六害"和"嫦娥奔月"，现在终于可以正式讲一讲"羿射九日"的故事了。

在远古时期，天上一共有十个太阳，他们是帝俊和太阳女神羲和的儿子。这十个家伙非常调皮，他们和母亲太阳女神羲和一起住在东海边上。太阳女神经常把他们放在世界最东边的东海里洗澡。

东海里有一棵非常高大的扶桑树，每次太阳兄弟们洗完澡后，就会像小鸟那样栖息在那棵大树上。扶桑树就是他们的家，九个太阳栖息在长得较矮的树枝上，一个太阳则栖息在高高的树梢上。

当长长的黑夜结束、黎明将至时，栖息在树梢的太阳便坐着由六条蛟龙牵引的太阳车，穿越天空，照射人间，把光和热洒遍世界的每个角落。十个太阳每天换一次，轮流值班，秩序井然，天地万物一片和谐。

人们日出而耕，日落而息，在大地上生活得既美满又幸福。人和动物也能和睦相处。

那时候人们感恩于太阳给他们带来了时辰、光明和欢乐，经常向帝俊夸奖太阳。

终于有一天，太阳兄弟们憋不住了。他们觉得每天都这样重复地生活，无聊透了。

"嘿，我们大家明天一起升到天空上玩，好不好？"最大的太阳哥哥提议道。

"好啊，好啊！"众兄弟应和着。

就这样，他们你一言我一语地商量好了，决定在第二天早晨不坐母亲的太阳车，一起跑出去玩。

第二天，他们果真都跑出来了，蹦着，跳着，跑着，玩得非常高兴，谁也不去听母亲的呼唤声。

自从太阳兄弟们尝到了大家一起游玩的乐趣之后，就决定每天都结伴出来，再也不想分开了。结果，十个太阳齐照大地，像十个大火球，一起放出的热量炙烤着大地。这下子，大地上的人们和万物遭殃了。

"呜呜……"大地受伤了，难过地哭着，连眼泪都被烤干了。

森林被烧成了灰烬，许多动物都被烧死了。那些没有被烧死的动物流窜到人群中，发疯似的寻找食物，甚至把人都吃了。

大海干涸了，所有的鱼都死了。水中的怪物便爬上岸偷窃食物。

农作物和果树枯萎了，供给人和家畜的食物也断绝了。

一些人出门寻找食物，被太阳活活烧死了，另外一些人成了野兽的食物。人们在火海里挣扎着，痛哭着。

这可怕的情景被帝俊知道了，帝俊非常生气，他决定惩罚这些不听话的儿子。

于是，帝俊找来自己的臣子大羿，赐给他一把红色的弓和十支白色的箭，让他去吓唬吓唬这十个不听话的家伙，想办法给他们一点苦头吃，好让他们能够秩序井然地出来。

大羿是一名神箭手，他遵照帝俊的吩咐，拿着神弓和神箭

出发了。

大羿爬过了九十九座高山，迈过了九十九条大河，穿过了九十九个峡谷，终于来到了东海边。他登上了一座大山，山脚下就是茫茫的大海。

大羿挟弓站在崖边，明晃晃的日光照得他睁不开眼。千里焦土和遍地的枯骨，令他怒火中烧。十个太阳却有恃无恐，一点都不怕他，依然嬉戏追逐，还喷火烧他。

羿射九日

大羿非常愤怒，心里想：你们既然如此作恶，就别怪我替天行道了。

他的弓是一柄色彩鲜红的长弓。此刻，他将白箭搭在红色的巨弓上，一个马步蹲身，将那柄巨弓拉满，箭头指向远方，再慢慢举高，对准了天上的十个太阳……

"铮"的一声清响，那白亮的巨箭应声飞向天际，直冲向云霄。

然后，天空传来一阵深远刺耳的悲鸣，那声音非常可怕，响彻云霄。原来，一个太阳被射中了，暗淡了下来，像是瘪掉的气球一般，扭成一团，砰然下落。

良久之后，远处传来一声巨响。大羿定定神，往天空一看，还有九个太阳呢。

成功射下太阳给大羿带来极大的鼓舞，让他把帝俊的嘱咐抛到了脑后，心里只想着把太阳全射下来。于是，他又拉开弓，搭上利箭，"嗡"的一声射去，同时射落了两个太阳。这时，天上还有七个太阳，他们瞪着红彤彤的眼睛看着大羿。

大羿感到这些太阳仍很焦热，又狠狠地射出了第三支箭。这一箭射得很有力，一箭射落了四个太阳。其他太阳吓得全身打战，团团旋转。

就这样，大羿一支接一支地把箭射向太阳，一共射掉了九个太阳。中了箭的九个太阳无法生存下去，一个个破裂，满天都是流火。

太阳的碎壳流浆都落在了东海里，凝结成方圆四百里、厚四万里的大炭团沃焦。海水流经沃焦，一下子就被蒸发为云气，升腾上天，化作雨，又降落到江河大海中。所以，大江小河的水日夜不息地向海洋汇聚，永远流不尽，大海也永远不会涨满。

天上只剩下最后一个太阳了。他是帝俊的小儿子，此时被吓得面色昏黄，在天上摇摇晃晃，慌慌张张，害怕极了。人间顿时天气转凉，温风拂面。

正当大羿拔箭准备射下最后一个太阳的时候，人间的尧帝急忙制止他说："万物生长离不开太阳，万物得不到阳光的哺育，毒蛇猛兽就要到处横行，人们就无法生存下去，而且还要遭受黑暗的折磨！"于是，最后一个太阳被保留了下来。

小太阳惧于大羿的神威，不得不按照大羿的吩咐，老老实实地为人间的大地和万物贡献他的光和热。

第二天早上，东边的海面上，透射出五彩缤纷的朝霞，接着一轮金灿灿的太阳露出了海面！

太阳恢复正常了，人们在太阳温暖的光辉中，高兴得手舞足蹈，齐声欢呼，都对英勇的大羿充满了感激。

可是，帝俊却不高兴了，因为他原本只是想让大羿吓一吓那些调皮的儿子，没想到大羿竟然把他们射杀了，于是他一气之下便剥夺了大羿的神职，让大羿和他的妻子嫦娥永远留在了人间。

帝俊八子：
帝俊 晏龙 八子 三身 义均 后稷
叔均 大比赤阴 大禹 鲧

帝俊生晏龙，晏龙是为琴瑟。

帝俊有子八人，是始为歌舞。

帝俊生三身，三身生义均，义均是始为巧倕，是始作下民百巧。后稷是播百谷。稷之孙曰叔均，始作牛耕。大比赤阴，是始为国。禹、鲧是始布土，均定九州①。

注释

①九州：相传大禹治理了洪水以后，把中原划分为九个行政区域，就是九州。

译文

晏龙是帝俊的后裔，晏龙发明了琴和瑟两种乐器。

帝俊有八个儿子，他们创作出歌曲和舞蹈。

三身是帝俊的后裔，义均是三身的后裔，义均便是世人所说的巧倕，巧倕开始教会人们各种工艺技巧。后稷播种各种农作物。后稷的孙子叫叔均，他最先使用牛耕田。后稷的母亲姜嫄最早建立了国家。大禹和鲧最早兴修水利，并划分了九州。

关于"晏龙是为琴瑟"，郭璞有一条注释："《世本》云：'伏羲作琴，神农作瑟。'"那么问题来了，琴瑟到底是谁发明的？

从时间来说，伏羲和神农显然要比晏龙更早，从分量来说他们俩也比晏龙要重得多。此外，《大荒东经》有"帝俊生晏龙，晏龙生司幽"的记载，当时并没有提到晏龙发明了琴瑟；《大荒东经》还有"少昊孺帝颛顼于此，弃其琴瑟"，似乎说明在颛顼小时候琴瑟已经是比较常见的乐器了，如果是晏龙发明的好像就有点晚了。

那么，应该怎么解释"晏龙是为琴瑟"呢？袁珂指出："《北堂书钞》卷一百九引此经是下有始字，《太平御览》卷五七七引此经作始，王念孙校为琴瑟上有务字，'务为琴瑟'，则是以琴瑟为戏弄之具，似于义为长也。"看起来，晏龙是个音乐家，而不是发明家，只是擅长弹奏琴瑟罢了。

关于"帝俊有子八人，是始为歌舞"，《路史·后纪十一》注引《朝鲜记》云："舜有子八人，始歌舞。"这再次证明，帝俊就是帝舜。

关于"巧倕作百巧"和"后稷播百谷"，前面都已经讲过，这里不再赘述。只补充一点，在《大荒西经》中有"叔均是代其父及稷播百谷，始作耕"，只说叔均创新了耕田法，而此处经文则直接说他发明了牛耕法。

可以说，牛耕是人类社会农业生产的一项重要的技术。它涉及对牛的驯化、耕具制作等，此方法影响了数千年。直到现在，我国的一些偏远地区仍然用牛耕地。

关于"大比赤阴"，有学者认为可能是后稷的生母姜嫄。"比"大概为"妣"的讹文。妣，母亲。"赤阴"的读音与"姜嫄"相近。据古史传说，后稷被封于邰地而建国，姜嫄即居住在这里，所以下面说"是始为国"。

"禹、鲧是始布土，均定九州"，布土，又称敷土，《尚书·禹贡》曰："禹敷土，随山刊木，奠高山大川。"意思是禹测量土地，划分疆界，命名山川。

炎帝世系：
炎帝 听訞 炎居 并节 戏器 祝融
共工 术器 后土 噎鸣

炎帝之妻，赤水之子听訞①生炎居。炎居生节并，节并生戏器，戏器生祝融。祝融降处于江水，生共工。共工生术器，术器首方颠，是复土壤，以处江水。共工生后土，后土生噎鸣，噎鸣生岁十有二。

①听訞（yāo）：人名。

译文

　　炎帝的妻子，也就是赤水氏的女儿听訞生下炎居，节并是炎居的儿子，戏器是节并的儿子，祝融是戏器的儿子。祝融降临到江水居住，共工是他的儿子。术器是共工的儿子。术器的头呈方形，他恢复了祖先的土地，从而又住在江水。后土是共工的儿子，噎鸣是后土的儿子，噎鸣生了十二个月。

　　我们前面讲了炎帝以及他的女儿、孙子一些故事，但是从来没有提到他的妻子。在这一节，炎帝的妻子出现了，她的名字叫听訞，是来自赤水氏（一说桑水氏）的女子。

　　听訞是一个很干练的女人，据说她与炎帝一同治理部落，掌管诸族；又搓麻织布，制作麻衣；丈量尺度，帮助炎帝开市交易，并且还发明了尺、秤、斗等。

　　有书上说，炎帝不像黄帝有四个妻子，他就只有听訞一个妻子。如果这是真的，我们不仅能够从中看出听訞确实是一个相对强势的妻子，而且还可

听訞

以由此推断，包括精卫在内的炎帝的那些女儿肯定都是她生的。

听说不仅为炎帝生下了四个漂亮的女儿，还生下了炎居。从《山海经》的记录来看，炎居这一支还是蛮兴旺的，出了很多了不起的大人物，包括火神祝融、水神共工、土神（兼鬼王）后土，以及生了十二个月的时间之神噎鸣等。

大概是由于炎帝是"炎黄大战"中战败的一方，关于他的神话资料保存下来的远不如黄帝多。至于他那些子孙的英勇事迹，我们也都讲得差不多了，最后再给大家讲一讲炎帝的另一个女儿瑶姬的故事吧。

瑶，就是美玉。仅凭这个好听的名字，就可以想象炎帝对这个女儿有多么疼爱了。据说，在四个女儿中，炎帝之所以最喜欢瑶姬，不仅是因为她有着如花朵般娇艳的美貌和天真无邪的本性，还因为她对别人能够给以无私的关心——她常常为人间百姓过着艰辛的生活而伤心落泪。

瑶姬渐渐长大了，出落得更加美艳动人。可是，就在她成年的那一年，突然发生了一件不幸的事：她生了一场大病，来势汹汹的病魔很快将她击倒。从此，她就只能躺在病榻上了，显得非常憔悴。渐渐地，瑶姬已经病得站不起来了。

炎帝见此情形自然是心急如焚，但他也束手无策：炎帝虽然是医药之神，但药能医病，却不能医命。

不久，瑶姬就死了，被安葬在巫山上，而她的香魂却飘到姑媱山化作了一株芬芳的瑶草。瑶草花色嫩黄，叶子双生，果实似菟丝子。女子若服食了瑶草果，便会变得明艳美丽，惹人喜欢。《中山经》有云："又东二百里，曰姑媱之山，帝女死焉，其名曰女尸，化为䔄草，其叶胥成，其华黄，其实如菟丘，服之媚于人。"

如果故事到这里就结束了，那真是太令人悲伤了，好在还有后续：天帝哀怜瑶姬早死，就封她做了巫山的云雨之神。

瑶姬天性善良，在成为巫山女神之后，她经常化身成各种形态在人间游走，到处为百姓排忧解难，救死扶伤。人们十分感谢这位美丽的女神。

有一年，巴蜀遇到了历史上罕见的洪水。大禹开始受命治水，他一路凿山通河，来到巫山脚下，准备修渠泄洪，不料却触怒了一只在巫山上潜修了多年的蛤蟆精。这只蛤蟆使用法术阻挠大禹开山。大禹措手不及，被打得人仰马翻。在当地人的指点下，大禹决定去向巫山神女瑶姬求助。

瑶姬敬佩大禹为民治水的大无畏精神，同时又哀怜那些背井离乡、倾家荡产的灾民，于是便传授给大禹差神役鬼的法术，并赠给他防风治水的九卷天书，帮助他制伏了蛤蟆精，止住了飓风。随后，瑶姬又派遣神丁将巫山炸开一条峡道，令洪水经巫峡从巴蜀境内流出，涌入大江。饱受洪灾之苦的巴蜀人民终于获救了！神女关爱三峡人民，唯恐长江之水再度泛滥，遂化为神女峰，永驻三峡。

当地百姓并没有忘记立下大功的神女瑶姬，不仅为她竖碑立祠，泥塑金身，绘影撰文，还把她祀为"佐禹治水""有功于三峡黎民"的"正神"。

关于神女瑶姬的传说还有很多，由于篇幅所限，这里就不再一一列举了，有兴趣的朋友可以找来阅读。

鲧禹定九州：鲧 天帝 祝融 禹

洪水滔天。鲧窃帝之息壤①以堙洪水，不待帝命。帝令祝融杀鲧于羽郊。鲧复生禹，帝乃命禹卒布土以定九州。

注释

①息壤：传说中一种能自己生长、永不耗减的土壤。

译文

到处都是漫天的大水。鲧偷拿天帝的息壤用来堵塞洪水，而未等待天帝的命令。天帝命令祝融把鲧杀死在羽山的郊野。禹从鲧的遗体肚腹中生出。天帝就命令禹再施行土工治理洪水，并划定了九州的区域。

祝融杀鲧